Der Autor

Joachim Schmidt

Schreibt Geschichten zwischen Diesseits und Jenseits

- Hinter den Tapeten,
- Das Geheimnis des Ringinger Erdstalls,
- Der Kelch,
- Leonard in der Wo-Anderswelt,
- Peter Patricia und das Ulmer Münster,
- Die Gezeitenfrau.

Der Autor lebt heute mit Ehefrau und zwei Töchtern auf einem Dorf bei Ulm.

Vorwort

In meiner Kindheit durfte ich viele Märchen, Geschichten und Erzählungen kennen lernen, die ich zu jener Zeit gerne hörte. Sie waren meistens spannend, denn oft verbanden mich die Inhalte mit einer angenehmen, magischen Welt, die ich gefühlsmäßig spüren konnte. Einer geheimnisvollen Welt, die mich davon abhielt, unsere sogenannte reale Welt nur mit meinen physischen Augen zu betrachten. Ich schaute zwar durch sie hindurch, hegte aber immer gleichzeitig die Hoffnung, eine versteckte unsichtbare Mystik hinter ihnen zu finden.

Tiere und Pflanzen waren nicht nur einfach Wesen, die sich bewegten, sondern ich empfand sie auch als vernunftbegabte, denkende und wissende Lebewesen. Alles was wuchs, veränderte sich und alles, was sich veränderte, lebte. Einsame Gegenden mit Bächen, Felsen und Höhlen, öffneten in mir eine andere Gefühlswelt, eine Welt der unsichtbaren Geheimnisse.

Widmung

Dieses Buch wurde für Jugendliche und Erwachsene geschrieben, die genug haben von blutigen, pervertierten Gemetzeln. Die sich aber schon bewusst sind, dass sie sich in einer Welt der Gegensätze befinden. Überall, wo es ein Dafür gibt, gibt es auch ein Dagegen. Man ist dieser dualistischen Welt aber deshalb noch lange nicht ausgeliefert, sondern man kann Entscheidungen fällen, die weniger aggressiv sind oder andere Lösungsmöglichkeiten eröffnen.

Wenn alles was existiert energetischer Herkunft ist, dann unterliegt jeder Mensch einer großen Illusion, wenn er glaubt, über das Töten könnten Probleme gelöst werden. Leider halten auch manche Zwerge im Zwischenreich teilweise noch an dieser Illusion fest.

Umschlaggestaltung, Illustration: Joachim Schmidt

Verlag: tredition GmbH, Hamburg
ISBN: 978-3-8495-7975-3
Printed in Germany 2014

Bibliografische Information der Deutschen Nationalbibliothek:
Die Deutsche Nationalbibliothek verzeichnet diese Publikation in der Deutschen Nationalbibliografie; detaillierte bibliografische Daten sind im Internet über http://dnb.d-nb.de abrufbar.

Leonard und Anika in der Wo-Anderswelt

Buch 2

In den Zwischenwelten

Fortsetzung von
Leonard in der Wo-Anderswelt

Die Vorbereitung

Es war etwas kompliziert. Als Leonard und Anika die Zwischenwelt der Zwerge verlassen hatten und sich wieder mit ihrer normalen Körpergröße in der Welt der Menschen zurechtfinden mussten, wussten sie zunächst nicht, wie sie es zu Hause ihren Eltern mitteilen konnten, was sie erlebt hatten. Bei Leonard waren bereits mehrere Tage vergangen, während Anika schon viele Wochen von zu Hause weg war. Die Polizei und ihre Eltern hatten sich mit dem Verschwinden ihrer Tochter schon beinahe abgefunden und glaubten kaum noch daran sie jemals wieder zu sehen.

„Wir müssen ihnen die ganze Wahrheit sagen, damit der Schock aber nicht zu groß wird, sollten wir eine Notlüge erfinden, denn bis sie unsere Erlebnisse ernst nehmen können, dauert es bestimmt einige Zeit und die Zeit drängt. Wie du weißt, vergeht die Zeit im Zwischenreich viel schneller und deshalb muss ich so bald wie möglich wieder zurück, ich will ihnen unbedingt helfen", unterbreitete Leonard Anika.

„Und ich? Glaubst du etwa, mich interessiert es jetzt nicht mehr, was dort passiert? Ich habe das Gefühl, dass ich viel lieber im Zwischenreich wäre, als hier auf der Erde, wo jeden Tag so viel Schreckliches in der Zeitung steht."

„Da hast du vollkommen recht aber wir wissen nicht, ob sich nicht auch das Zwischenreich jetzt wieder in Richtung Gewalt verändert. Ich muss unbedingt zurück, vielleicht kann ich den Zwergen helfen, dass es nicht soweit kommt."

„Wenn du zurückgehst, will ich auch mit. Wir haben beide so viel miteinander erlebt und außerdem..., ich würde dich sehr vermissen." Leonard wurde bis unter die Haarspitzen rot.

„Ich möchte dich auch vom ersten Augenblick an aber bedenke, es ist gefährlich, wir wissen nicht wirklich, wie das Ganze ausgeht und ob unsere Eltern bereit sind, uns dieser Gefahr auszusetzen. Ich wage das zu bezweifeln."

„Nun, ich glaube, uns bleibt nichts anderes übrig als ein bisschen zu schwindeln." Leonard nickte.

„Damit sie uns überhaupt wieder weglassen, müssen sie sicher sein, dass es für uns nicht mehr gefährlich ist."

Leonard war es noch nicht klar, wie er es einfädeln sollte, schließlich hatte er sich im Zwergenreich des Öfteren in Gefahr befunden, besonders als er von den Zwissler-Zwergen gefangen genommen worden war.

Zwar hatten die Nordzwissler nicht direkt sein Leben bedroht, aber sie hätten ihn und Anika ohne weiteres so lange festhalten können, bis ihnen die Lichtzwerge endlich einen Teil ihrer Lichtsteine abgegeben hätten und das hätte ewig dauern können. Nein, davon durften ihre Eltern überhaupt nichts wissen. Sie konnten ihnen nur von einer wunderschönen Welt berichten, in der es keine Gefahren gab und alles in friedlicher Koexistenz miteinander ablaufen würde. Sie mussten ihnen klar machen, dass die verspätete nach-Hause-kommen, nur ihrem Unwissen über die unterschiedlichen zeitlichen Abläufe in der Welt der Zwerge zu verdanken gewesen war.

Zunächst hatten sie es beide geschafft, die Vorstellungen ihrer Eltern in Balance zu bekommen und sie wieder in Sicherheit zu wiegen. Anikas Eltern hatten sich wieder gefasst, als sie von einer schulischen Stresssituation gesprochen hatte, aus der sie gefühlsmäßig geflüchtet war. Leos Mutter hingegen glaubte an die Geschichte eines Kurzurlaubes bei seinem Vater. Sie wunderte sich nur, dass Leo viel häufiger sein Handy gebrauchte, als er es zuvor getan hatte.

Leo hielt mit Anika, die ein paar Dörfer weiter weg wohnte regen Kontakt und es kam auch zu einem Treffen in einer Eisdiele, wo sie planten, wie es weitergehen sollte. Die Schulferien hatten kurz nach ihrem Wiederauftauchen begonnen und deshalb wollten sie auch so bald als irgendwie möglich ins Zwergenreich zurück und diese Zeit zu nutzen.

„Die Zeit vergeht und unsere Freunde haben wahrscheinlich die Hoffnung auf unsere Rückkehr schon aufgegeben", teilte Leo Anika am Telefon mit.

„Vermutlich hat das Querulieren zwischen den Völkern schon begonnen", antwortete sie.

Kurze Zeit darauf gestand Leonard seiner Mutter die Freundschaft zu Anika und lud sie und ihre Eltern zum Kaffeetrinken zu sich nach Hause ein. Dieses Treffen hatte es in sich. Beide erzählten nach und nach die wahren Geschehnisse ihres Wegbleibens und ihre Eltern, die sich äußerst schwer damit taten diese

Geschichte zu glauben, verboten daraufhin jeglichen Kontakt mit diesen Zwergen. Erst nach einem langen Hin und Her und nachdem die Eltern begriffen hatten, dass die Aussicht bestand, dass ihre Kinder tatsächlich einem ganzen Zwergenvolk helfen konnten, willigten sie ein, sich alle am kommenden Samstagmorgen um 8 Uhr am ausgehöhlten Baumstumpf zu treffen. Die Eltern sollten den Vorgang des Einstiegs sowie die körperliche Verkleinerung ihrer Kinder miterleben.

Die Verabschiedung

Leo zog das Fläschchen mit der grünen Flüssigkeit aus einer kleinen Felsspalte und gab zunächst Anika einen Tropfen in den Mund. Danach ließ er selbst einen auf seiner Zunge zergehen. Es vergingen nur wenige Sekunden, bis sie lachend in Gestalt von Zwergen vor ihren Eltern standen. Diese verfolgten ängstlich und sprachlos, wie und wo Leonard das Fläschchen wieder versteckte. Nur mühsam vermochten sie noch den beiden halb apathisch Glückwünsche zuzuflüstern und mit besorgtem Gesichtsausdruck hinterher zu winken, bevor sie in den hohlen Baumstumpf kletterten.

Ehe Anika verschwand, drehte sie sich noch einmal kurz um und rief mit ihrer nun piepsigen Stimme: „Macht euch keine Sorgen, für uns ist es der schönste Urlaub, den ihr euch vorstellen könnt." Und schon waren beide verschwunden.

Voller Euphorie eilten Leonard und Anika zur großen Türe, um sie mit dem dort bereit liegenden Stein zu öffnen. Aber..., da war kein Stein, nirgendwo lag ein Stein.

Leo versuchte kurzerhand mit dem Fuß sein Glück und sprach: „Man musste doch nur mit diesem Stein gegen die Türe pochen, so war es doch gewesen, oder?" Anika nickte und schaute ihn enttäuscht an. Sein Fußkicken hatte keinen Mechanismus sondern nur einen leichten Schmerz in seinen Zehen ausgelöst.

„Wir müssen versuchen den Stein zu finden, geh du hier entlang, ich versuch es im Tunnel", meinte Anika.

„Vielleicht hat ihn jemand eingegraben, und wollte nicht, dass diese Türe benutzt wird, schau dort unter der lockeren Erde, ich glaube da könnte er stecken." Mit diesen Worten zog er tatsächlich einen Stein aus dem welligen Boden. Im gleichen Augenblick wusste er, dass er seinen ersten Fehler begangen hatte. Jetzt musste schnell gehandelt werden. „Anika, komm beeil dich, wir dürfen keine Zeit verlieren, jetzt wissen sie bereits, dass wir hier sind." Er rannte zur Tür. Polterte mit dem Stein dagegen und während diese sich gerade geräuschlos zu öffnen begann, schlüpften beide auch schon hindurch. Nur ein leises Klicken verriet ihnen, dass sich die Türe wieder hinter ihnen geschlossen hatte.

Sehen konnten sie noch nichts. Die Helligkeit war so unerträglich, dass sie ihre Hände vor die Augen hielten und immer wieder nur zwischen den Fingern hindurch blinzelten um sich an das Licht zu gewöhnen. Es dauerte einige Minuten bis Leo hervorstieß: „Jetzt sehe ich wieder etwas, wir müssen sofort weg, bevor sie da sind."

„Wer?" wollte Anika wissen.

„Na die, die den Stein versteckt haben, vermutlich war er durch ein Lichtkabel mit ihrem Versteck verbunden, deshalb nichts wie weg." Und da kamen sie auch schon. Nicht weit entfernt tauchten sie hinter kleineren Felsbrocken auf. Sie saßen auf den Rücken von Laufvögeln, die sie in ihre Richtung dirigierten.

Leo wollte schon aufgeben, als er eine Stimme in sich vernahm: „Klettert die Felsen rechts neben der Türe hoch, ich warte auf euch." Ohne groß zu überlegen, woher die Stimme gekommen war, eilten Anika und Leo gleichzeitig zum Fels und stiegen daran empor. Offenbar hatte Anika die gleiche Botschaft empfangen.

Das Klettern ging relativ einfach, denn das Gestein war wie ein Quarz aus lauter rauen, unterschiedlich großen Flächen aufgebaut. Immer wieder drehte sich Leo nach Anika um und half ihr über steilere Stücke hinweg. Er besaß einfach die größere Erfahrung um bergiges Gestein zu überwinden. Schon fast oben angekommen, sahen sie, wie die Langohrzwerge von ihren Laufvögeln abstiegen und ihnen hastig nacheilten.

„Kommt hier rüber, hinter den breiten Fels", rief es ihnen zu und als sie um die Felskante bogen, stand ein Mausvogel vor ihnen.

Flug zu den Lichtzwergen

Anika schrie auf, aber Leonard beruhigte sie sofort, denn er hatte schon die Bekanntschaft mit diesen Maus-Vögeln gemacht.

„Wir dürfen aufsteigen, hab keine Angst. Halte dich an seiner Halskrause fest." Ohne darauf zu warten, bis Anika sich von ihrem Schrecken erholt hatte, hob er sie mit beiden Händen an ihrer Taille hoch und schob sie ganz nach vorne an den Hals des Tieres. Er selbst nahm hinter ihr Platz. Keine Sekunde zu früh lief der Vogel zum Abhang und schwang sich weit hinaus. Ein Glücksgefühl der Freiheit und der Schwerelosigkeit erfüllte beide Erdenkinder und als Leo sah, wie die Langohren ihre Fäuste hoben, lachte er nur und winkte ihnen zu.

Fürs Erste waren sie gerettet aber wo brachte der Vogel sie hin und wieso hatte er sie überhaupt abgeholt? Wie konnte er wissen...?

„Fragt nicht so viel, ihr werdet bald schlauer sein. Seid einfach froh, ich bringe euch jetzt zu euren Freunden." Mit diesen gedanklichen Worten zog der Vogel in spiralförmigen Kreisen nach oben hinein in den kristallklaren Himmel. Die Sonne stand blutrot vor den entfernten Bergrändern, gewillt jeden Augenblick hinter ihnen zu verschwinden. Leonard umfasste Anika und drückte sich an ihren Rücken. Ein Strahlen überflutete ihr Gesicht und wie als Antwort, umwehten ihr langes, blondes Haar Leonards entspannte Gesichtszüge.

14

Schatten überzogen das glitzernde Land, die Nacht hielt Einzug. Seltsame Vögel stiegen auf. Vögel mit weiten, dunklen Schwingen. Leonard kannte sie, wollte aber Anika nicht ihrer Freude berauben. Er hoffte, dass sie sich hier auf dem Rücken des Mausvogels in Sicherheit fühlte. Als er nach unten schaute erkannte er verschiedene Feuer. Was war das? Lagerfeuer von Kriegern? Zerstörte Häuser? Es war einfach zu dunkel, um Genaueres erkennen zu können.

"Gedulde dich, bald weißt du mehr." Diese Antwort genügte, um ihn in einen zunächst oberflächlichen Schlaf fallen zu lassen. Das Auf und Ab der Flügelschläge empfand er wie ein Schaukeln auf den Wellen im Meer. Anikas Kopf lag ebenfalls schlafend nach hinten gebeugt auf seiner Schulter. Sie schliefen einen kurzen aber erholsamen Schlaf, zu viel hatte sich in kürzester Zeit ereignet und ihre ganze Aufmerksamkeit in Anspruch genommen.

Irgendwann, der Morgen kündigte sich durch helle, bläuliche Farben am Horizont an, wurden beide Erdenkinder durch eine abrupte Bewegung geweckt. Der Vogel war auf einer Felsspitze gelandet und befahl: "Steigt ab, hier müssen irgendwo eure Freunde sein." Die Beiden spürten gerade den Boden unter ihren Füßen, als der Vogel sich auch schon wieder in die Luft erhob und abdrehte. Sie waren also mit ihren Mitteilungen immer noch so kurz angebunden. Wahrscheinlich hatten sie ein so großes Glück gehabt, dass er sie überhaupt soweit mitgenommen hatte.

„Enric, Prello, Trauroth, Nurmuth, wo seid ihr", rief Leo. Sie lauschten aber nichts war zu hören.

„Das ist wieder typisch für diese Vogelart. Sie helfen, aber nur so lange, wie es ihnen gerade passt." Anika und Leo schauten nach unten in eine wild zerklüftete Landschaft, aus der sich so ganz allmählich die Schwärze der Nacht zurückzog und nur noch leichte Schattierungen zwischen dem felsigen Gestein hinterließen.

„Wie sollen wir sie hier finden? Und warum hier auf diesen Bergen? Wieso hat der Vogel uns nicht in der Burg abgesetzt?" Jetzt erinnerte sich Leo wieder an die Feuer, die er während des Fluges von oben beobachtet hatte. „Ich glaube wir sind zu spät gekommen, die Langohren, die kleinen Riesen und die Nordzwissler werden die Lichtzwerge vertrieben haben. Die Zeit in dieser Zwischenwelt ist wieder wesentlich schneller vorgerückt als wir dachten, wahrscheinlich ist schon ein halbes Jahr vergangen, während wir auf der Erde nur etwa 14 Tage durchlebt haben."

„Du hast recht", meinte auch Anika, „wir sollten jetzt genau überlegen, wohin wir gehen."

„Wohin ist gut, wir sitzen auf einer Bergkante und ich habe keine Ahnung wie wir hier ohne Seil und Befestigungshaken herunter kommen sollen", antwortete Leo. „Ich kann es nicht glauben, dass dieser Mausvogel so blöd war und uns ohne Absicht einfach hier absetzte, vielleicht haben sich die Lichtzwerge ja versteckt und wir müssen nur ihre Höhleneingänge finden, die eventuell sogar ganz in unserer Nähe sind."

„Leo hat bestimmt nicht Unrecht, so wird es sein", dachte Anika. „Wir sollten die Landschaft genauer unter die Lupe nehmen", erklärte sie. Beide setzten sich so hin, dass sie in alle Richtungen blicken konnten.

Die Suche nach den Lichtzwergen

„Wo würdest du dich verstecken, wenn du Oman wärst und für dein Volk die Verantwortung übernehmen müsstest?"

„Ich würde dort in dieser zerklüfteten Landschaft in Höhlen und Gesteinsauswaschungen am Bach mein Glück versuchen. Wasser ist auch für die Zwerge das wichtigste Lebenselixier."

„Ja das glaube ich auch, aber wie sollen wir hier herunter kommen? Es muss doch möglich sein…."
„Schau mal! Was ist denn dort, wo es so steil abfällt, ist da nicht eine Stufe eingehauen?" rief Anika.

„Stimmt, das sieht so aus, lass uns nachschauen. Wir haben unserem Vogel Unrecht getan, hier kann man, wenn man vorsichtig ist und diesen Riss zum Festhalten benützt tatsächlich absteigen."

Leonard kletterte voraus und zeigte Anika die besten Griffe und Fußtritte, die groß genug waren, um sich daran festzuhalten. Die Klettertour führte genau in eine schmale Aushöhlung, durch die sie ins Bergesinnere schlüpfen konnten. Von hier ab fanden sie richtigen Halt. Irgendwer hatte an der Wand Halterungen aus einem für Leo nicht bestimmbaren Material befestigt, an dem es sich bequem nach unten absteigen ließ.

Der Steig endete in einer leeren Höhle, die fensterartige Ausbuchtungen besaß, durch welches Licht von außen einfiel. Sie fühlten sich wie in einer kleinen Höhlenwohnung. Leider war niemand da. Wieder riefen sie sie aber ohne Erfolg. Auf jeden Fall konnten sie sich ausruhen und waren vor Wind und Wetter geschützt. Zum Glück hatten sie zu Hause noch richtig viel gegessen, sodass der Hunger noch ausblieb aber Durst verspürten sie schon ziemlich stark.

„Wir müssen noch weiter nach unten, zu dieser zerklüfteten Landschaft mit diesem Bach", meinte Leo.

„Ja", antwortete Anika, „aber ich sehe keine Abstiegsmöglichkeit mehr."

„Lass uns alles genau unter die Lupe nehmen, vielleicht gibt es hier einen neuen Trick." Sie untersuchten lange den Boden, bis Anika eine leichte Rille auffiel, deren Ursprung nicht natürlich sein konnte. Mit dem Zeigefinger fuhr sie der Vertiefung nach bis zu einem kleinen Loch, in das ihr Finger passte. „Soll ich hier rein fassen? Leo was meinst du?"

„Klar, wir haben nicht viele Möglichkeiten." Vorsichtig bohrte sie den Finger hinein und stieß nach kurzer Zeit auf einen Widerstand. Sie erhöhte den Druck und siehe da, in der Wand vor ihnen schob sich, verbunden mit einem leisen Kratzgeräusch, ein Gesteinsbrocken nach hinten und gab eine Öffnung frei. Sie war gerade so groß, um durch zu schlüpfen.

Leo schob seinen Kopf hindurch und schaute direkt in die Augen eines Quenkos. Seine großen, runden Augen, umrahmt von einem Federnflausch, starrten ängstlich auf Leo. Beide derart überrascht, zuckten zurück, wobei der Quenko sofort in einen Gang flüchtete, den wenig später Anika und Leo benutzten, um weiter abzusteigen.

„Sie tun niemand etwas und gehen allen anderen Lebewesen aus dem Weg. Sie leben hauptsächlich in Höhlen in welchen sie mit ihren riesigen Augen, trotz totaler Finsternis alles sehen können", erklärte Leo.

Endlich drang etwas Licht in den Gang, den sie nur langsam, die Wände mit den Händen abtastend entlang gehen konnten. Der Ausgang war zwar durch einen Felsbrocken verblockt, aber sie konnten sich durch einen Spalt ins Freie zwängen. Das zerklüftete Gelände, das sie von oben betrachtet hatten, lag nun vor ihnen.

„Herrlich hier", meinte Anika, „dort fließt auch ein Bach, an dem wir uns erfrischen können." Beide liefen ohne auf irgendetwas zu achten zum Wasser und tranken das köstliche Nass. „Ich glaube ich wäre demnächst verdurstet."

„Ja, ja, Wasser ist nach Luft das zweitwichtigste Element für unseren Körper. Ohne Nahrungsmittel können wir wesentlich länger auskommen."

„Es schmeckt köstlich, wahrscheinlich enthält es viele Mineralien, die auch wir benötigen." „Da, schau mal überall rote Beeren, meinst du wir können sie probieren? Leonard, wenig vertraut mit dem Auspendeln von was gut und schlecht für den Körper ist, sagte:

„Lass uns mit dem Probieren noch warten, irgendwann müssen ja unsere Freunde auftauchen." Aber anstatt der so sehnlichst herbeigesehnten Zwerge, entdeckten sie das Kind eines kleinen Riesen, das am Bachlauf spielte. „Schnell weg, Omans und Enrics Feinde scheinen sich auch hier herumzutreiben. Verstecken wir uns dort unter dem Felsen." Keine Sekunde zu spät, schon hörten sie die Stimme des Vaters:

„Wo treibst du dich herum? Du weißt doch, dass dich die Lichtzwerge verschleppen, wenn sie dich sehen."

„Hier gibt es keine Lichtzwerge, Vater, hab keine Angst!" rief der Kleine zurück.

„Die sind überall und können plötzlich auftauchen, komm jetzt, wir haben genug Beeren gesammelt, wir gehen wieder auf die Burg, sonst schließen sie die Tore und wir müssen außerhalb übernachten."

Sofort sprang der junge Riese auf und verließ fluchtartig den Bach. Von den Lichtzwergen wollte er nicht gefangen werden, denn er glaubte, dass diese unter allen Umständen wieder auf ihre Burg zurück wollten und da wäre ihnen natürlich jedes Mittel recht besonders die kleinen Riesenkinder. Mit ihnen könnten sie auf die Zwissler Druck ausüben.

Anika und Leonard ahnten sofort, dass sich einiges verändert hatte. Die Lichtzwerge waren während ihrer Abwesenheit von den Nordzwisslern, den kleinen Riesen und den Langohrzwergen von ihrer Burg vertrieben worden und vermutlich hierher in die Berge geflüchtet. Wie aber konnten sie mit ihnen Verbindung aufnehmen?

„Macht euch keine Sorgen", hörten sie in ihren Köpfen und als sie nach oben schauten, erblickten sie ihren Vogelfreund. „Ich habe sie schon benachrichtigt, sie kommen bald."

„Danke, danke, ich hoffe, wir können dir auch einmal helfen." Aber so etwas wollte der Vogel gar nicht hören, ihm helfen, das war ja lächerlich, er brauchte keine Hilfe, niemand brauchte Hilfe, man tat nur, was getan werden musste.

Sie verweilten noch zwei weitere Stunden in ihrem Versteck, als sie plötzlich, wie durch Zauberhand verursacht, Prello ihren alten Freund mitten zwischen den Felsen auftauchen sahen. Das war ein Jubel und ein Helau. Sie stürmten auf ihn zu, umarmten ihn und überschütteten ihn mit so viel Fragen, dass er zunächst überhaupt nicht antworten konnte.

„Ja, ja", sagte er nur, „es ist schön, dass ihr wieder hier seid, aber leider kommt ihr zu spät. Kurz nachdem ihr in eure Welt zurückgekehrt seid, überfielen uns alle, die uns schon seit langem die Lichtsteine nicht gegönnt hatten. Wir konnten sie nicht aufhalten. Unsere Burg bot vor den kleinen Riesen keinen Schutz. Sie waren zu stark und zerrissen das Burgtor. Wer sich ihnen in den Weg stellte, wurde mit den Zauberstäben der Nordzwissler weggewünscht, auch Omano und Enric, die friedlich protestieren wollten hat es erwischt." Leo und Anika schrien entsetzt auf:

„Nein, das darf nicht wahr sein, konntest du sie finden?"

„Bis jetzt noch nicht, aber ich habe einen Verdacht, auf welcher Welt sie sich befinden könnten, davon aber später, jetzt kommt ihr zuerst einmal mit. Wir müssen dort durch diese Wand, ich gehe voran." Anika und Leo liefen völlig verdattert hinter Prello her, direkt auf eine Felswand zu, die keinerlei Öffnung zeigte.

Das Treffen mit den Lichtzwergen

Dann bückte sich Prello und verschwand durch die Mauer.

„Ah", erahnte Leo, „eine illusionistische Wand, einfach hinterher" und beide tauchten durch die Wand in einen Gang, in dem sie Prello bereits erwartete.

„Folgt mir, es ist nicht mehr weit", meinte er, „die anderen ...." Er verschwand wieder in einer Wand und als sie diese ebenfalls durchstoßen hatten, umringte sie eine Schaar jubelnder Zwerge. Sie schoben und stießen die beiden einfach mit sich, bis sie einen Platz erreichten, wo sie Ahnon, den zweitältesten des Rates der Weisen und vorläufigen Nachfolger Omans, herzlichst begrüßte.

„Ich schlage vor, dass ihr euch zunächst ausruht. Danach nehmt ihr euch etwas zu euch und dann treffen wir uns, um alle Fragen, die ihr bestimmt haben werdet, zu klären." Damit drehte er sich, kurz angebunden, wie Oman zu seiner Zeit, um und verließ sie. Während er weglief hörten sie seine Stimme noch: „Prello, bring sie dann in den Saal."

„Gut, dann zeige ich euch jetzt die Unterkünfte. Leider sind sie nicht mehr so komfortabel, wir mussten Twinn mit seinen Freunden zurücklassen und uns selbst irgendwie behelfen."

„Wird schon gehen, wir sind nicht verwöhnt", antwortete Leo. Twinn und seine Freunde waren befreundete Spinnen gewesen, sie hatten in der Burg die Aufgabe ganz besondere Gewebe herzustellen, die für unterschiedlichste Zwecke benötigt wurden. Kleider, Schlafsäcke und Umhänge, die die Tragenden sogar unsichtbar werden lassen konnten, gehörten zu ihrem Repertoire.

Zwei kleine, schmucklose Höhlen waren für beide hergerichtet worden. In den Ecken lag die weiche Rinde eines Zwedernbaumes und darauf sah man runde Federbäusche, die sich leicht auf und ab bewegten.

„Was ist das?" fragte Leonard.

„Das sind die ersten Quenkos, die sich an uns gewöhnt haben. Sie dienen uns zum Aufwärmen für die kalten Nächte. Es hat lange gedauert, bis sie ihre Angst vor uns verloren hatten. Schließlich konnten sie nur unsere süßen Früchte, die wir an windgeschützten Orten anbauen, davon überzeugen, dass wir es gut mit ihnen meinten."

Leonard und Anika fühlten sich kuschelig, wohlig und geborgen zwischen den Quenkos. Beide schliefen nebeneinander, ohne dass sich einer vor dem anderen geniert hätte, ganz im Gegenteil, Anika kuschelte sich sogar liebevoll an Leo. In einer Ecke tröpfelte Wasser von der Decke, eine absolut alternative Dusche. Das gleichmäßige Plätschern ließ Leo und Anika sofort in einen tiefen Schlaf sinken. Die Sonne beschien inzwischen schon längst keine Felsspitzen mehr, als Prello sie aufweckte.

„Der hohe Rat erwartet euch", flüsterte er rücksichtsvoll, „bitte beeilt euch." Glühkäfer zeigten sich,

25

halfen ihnen den steinigen Weg ohne Stolpern zu
überwinden.

Der Rat der Lichtzwerge

In einer Höhle, die in etwa die Ausmaße eines aus Steinen gebauten Festsaales für zweihundert Zwerge hatte, saß an einem langen Holztisch Ahnon mit zwölf weiteren, zum Teil langbärtigen Zwergen. Ihren runzligen Gesichtern nach zu urteilen, hatten sie bestimmt schon einige hundert Jahre auf ihrem Buckel. Es mussten die weisesten des Volkes der Lichtzwerge sein.

Ahnon stand auf und deutete auf zwei steinerne Plätze: "Bitte nehmt doch Platz. Wir danken euch für euer Kommen, aber wie ihr vermutlich bereits erfahren habt, ist uns ein schlimmes Unglück widerfahren. Wir mussten die Burg unseren Gegnern überlassen, um nicht noch mehr Verwünschungen zu provozieren. Das einzige, was uns in der Kürze noch gelang war, im Berg das Wasser bei den Lichtsteinen zu verschließen, was zur Folge hatte, dass diese sofort ihr Licht verloren und jetzt wie gewöhnliches Gestein aussehen. Ihr könnt euch vorstellen, welche Wut und welcher Hass nun in den Zwisslern brodeln. Sie versuchen immer wieder uns zu fangen, um das Geheimnis der Steine über Erpressung zu lüften. Dies ist ihnen bis jetzt noch nicht gelungen.

Wegen der Lichtsteine haben sie uns überfallen, aber bis jetzt konnten sie nicht einmal den genauen Ort ausfindig zu machen, wo sie einst leuchteten. Überall hier in den Bergen sitzen Wächter von uns und lösen sofort Alarm aus, auch wenn sich nur eine Steinmaus bewegt. Leider haben sie unser Oberhaupt

Oman zusammen mit Enric in eine Zwischenwelt vermöwunschen, in die wir leider nicht einzudringen vermögen. Euch schickt bestimmt ein Engelwesen, denn nur euch Erdenmenschen ist es möglich dorthin zu gelangen. Ihr besitzt einen natürlichen Schutz gegenüber den hellen Strahlen dieser Welt, die unsere Körper sofort transparent werden lassen und danach auflösen würden. Eure körperliche, energetische Struktur ist einfach viel zu dicht, nur eure Augen müssten geschützt werden."

„Warum ist Enric und Oman dort nichts passiert? Sie sind doch wie ihr aus der gleichen energetischen Substanz."

„Deine Frage ist berechtigt, Leonard und sie zeigt mir, wie scharf du überlegen kannst. Enric und Oman sind die einzigen, die dieser Helligkeit mit Hilfe ihres Willens widerstehen können, aber sie benötigen dafür ihre gesamte Kraft. Vermutlich sitzen sie irgendwo hoch konzentriert und warten auf Hilfe. Ihnen ist es nicht möglich, zu uns zurückzukehren. Ich frage euch deshalb, würdet ihr uns helfen? Eine echte Gefahr erwartet euch nur durch eine Gefangennahme von unseren falschen Brüdern, denn wegwünschen können sie euch, wegen eurer grobstofflichen Beschaffenheit, wie ihr ja wisst, nicht. Ihr müsst unbemerkt auf unsere Burg gelangen. Von dort aus, den Weg zum ehemaligen Lichtsee einschlagen und dann, in die felsige Kristallwand zur Zwischenwelt eindringen, durch die das Wasser geflossen ist."

„Ach wenn`s weiter nichts ist", meinte Leonard und zuckte hoffnungslos mit seinen Schultern. „Wir besitzen nicht einmal mehr die Tarnmäntel, die uns unsichtbar werden ließen und selbst, wenn ich wieder die ehemalige Kristallhöhle finde, wie soll ich ohne Werkzeug das harte Kristallgestein durchbrechen?"

„Einen Mantel konnten wir retten, das ist aber auch schon alles. Vielleicht könntet ihr euch ja beide darunter verstecken, um einen zweiten Mantel auf der Burg zu organisieren. Aber vielleicht solltest du überhaupt alles nur alleine versuchen, Leo?"

„Das geht auf keinen Fall, wenn wir gehen, dann nur gemeinsam", warf Anika dazwischen.

„Zu zweit, mit einem Mantel, ist es aber wesentlich gefährlicher. Wenn du Leo wenigstens einen zweiten Mantel alleine auf der Burg holen würdest, dann hättet ihr eine größere Chance." glaubte Ahnon zu wissen.

„Selbst dann, denke ich nicht, dass uns dies viel weiter hilft, denn damit kommen wir immer noch nicht durch den Berg", erwiderte Leo.

„Es gibt dort, wo einst der Fluss durch das Gestein strömte Hohlräume, durch die kommt ihr ganz sicher bis zur Verplombung und von da aus vielleicht noch weiter, denn es gibt noch zusätzliche hohle Wege, in die ihr eindringen könnt. Ihr seid von da an aber tatsächlich gezwungen einen eigenen Weg finden", antwortete Ahnon.

„OK, aber du Anika, ich weiß nicht so recht, es ist schon sehr gefährlich und ein Stück weit fühle ich mich für dich verantwortlich. Ich könnte niemals mehr vor deine Eltern treten, wenn dir etwas zustoßen würde."

„Ach ja, du fühlst dich für mich verantwortlich? Bin ich dein Kind? Nein, bin ich nicht und ich möchte mich auch nicht für dich verantwortlich fühlen. Nein, nein, entweder wir beide zusammen oder keiner, Ich könnte es nicht ertragen dich dauernd in Gefahr zu wissen. Ich möchte alles miterleben."

„Gut, dann versuche ich aber den Mantel wenigstens alleine zu ergattern. Morgen früh breche ich mit dem verbliebenen Mantel auf."

„Also gut, aber du holst mich nach dem Mantel hier ab, versprochen?" fragte Anika aufgebracht. Leonard nickte: „Selbstverständlich Anika, du kannst mir vertrauen."

„Ahnon, wäre es möglich, dass ihr uns beibringen könntet, wie man die Essenz aus den Pflanzen zieht, ohne sie dabei zu zerstören? Wir müssten dann unterwegs nicht dauernd hungern."

„Ja, vielleicht könnten wir es in Verbindung mit einer bestimmten Atemtechnik versuchen. Prello, führe sie zu unserem Garten und zeige ihnen die richtige Technik des Einatmens von Energie. Wir bereiten bis morgen früh alles vor, ruht euch gut aus, du Leo, hast einen langen Marsch vor dir." Mit diesen abschließenden Worten Ahnons, erhoben sich alle Mitglieder, verneigten sich kurz vor Anika und Leonard und verließen die Höhle ohne ein Wort gesagt zu haben.

Prello nahm beide in seine Obhut. Nachdem sie ein verwirrendes Höhlensystem durchwandert hatten, betraten sie eine von Felsen rundum geschützte Stelle, auf welcher eine Unmenge an Pflanzen und gemüseartigen Gewächsen wucherten.

„Passt genau auf. Zuerst haltet ihr eine Hand über die Pflanze und erspürt ihren energetischen Zustand. Wenn ihr in eurer Handfläche ein starkes Ziehen verspürt, dann erlaubt euch das Pflanzenwesen etwas von ihrer Essenz abzunehmen. Ist dieses Ziehen nur leicht oder ihr spürt überhaupt nichts, dann war schon jemand anderes an dieser Pflanze und ihr müsst euch eine neue suchen. Mit etwas Übung erkennt ihr auch an der Farbe der Pflanze, ob sie euch etwas abgeben kann. Bitte versucht es niemals ohne Einverständnis der Pflanze."

„Wie erkennen wir ob die Pflanze einverstanden ist?"

„Man spürt in sich eine Bejahung, Übung macht den Meister, so sagt ihr doch auf der Erde." Leo und Anika suchten sich ihrer Meinung nach zwei frische Pflanzen aus und als ihnen Prello zunickte, legten sie jeweils eine Hand darüber. Beide verspürten das von Prello beschriebene Ziehen in ihrer Handfläche.

„Jetzt schließt eure Augen und stellt euch, während ihr langsam einatmet vor, wie ihr die Energie der Pflanze in euch aufnehmt. Sobald das Ziehen in den Handflächen nachlässt, brecht ihr den Vorgang ab.

31

Wenn euer Hungerbedürfnis noch nicht nachgelassen hat, sucht ihr eine andere Pflanze." Anika und Leo taten wie ihnen angewiesen wurde und tatsächlich es funktionierte besser als sie erwartet hatten. Ihr eigenes Energiepotenzial füllte sich innerhalb weniger Augenblicke. Sie strahlten Prello an und dieser lächelte zurück. „Jetzt könnt ihr überall energetische Nahrung aufnehmen an jeder Pflanze, keine kann euch vergiften, alle geben immer was ab, wenn ihr versteht rechtzeitig aufzuhören."

„Danke Prello, vielen Dank, ich denke wir schaffen es, oder Leo was meinst du?"

„Klar, jetzt kann uns nichts mehr aufhalten, wir werden unseren Freunden helfen aus der Lichtwelt zurückzukehren, damit sie wieder ihre Burg in Besitz nehmen zu können." Aber so einfach, wie es sich Leo vorstellte war das Unternehmen nicht denn auch weise Lichtzwerge konnten sich ja irren. Sie umarmten beide Prello, worauf er meinte:

„Morgen begleite ich dich ein Stück und zeige dir die gefährlichen Stellen, wo sich einige Wächter unserer Feinde versteckt halten, dann musst du das alles Weitere alleine durchstehen. Ich drücke dir die Daumen. Vielleicht schaust du dich zuerst ganz oben im höchsten Turm um. Ich denke, dass dort ihre Stäbe liegen mitsamt unseren Mänteln, wenn sie sie nicht bereits vernichtet haben, denn mit ihnen können nur wir uns unsichtbar machen. Sei vorsichtig, bestimmt gibt es unterwegs überall Fallen, in die du tappen kannst. Geh langsam und behutsam voran, du weißt, was eine Gefangenschaft von dir bedeuten würde. Uns wäre es so gut wie unmöglich dich zu befreien."

„Alles klar", sagte Leo, „bitte bring uns zu unseren Schlafstellen zurück, damit ich morgen früh frisch ausgeruht aufstehen kann und danke nochmals für alles."

Aufbruch zur Lichtburg

Am nächsten Tag, der Himmel ergraute bereits und ein paar Wölkchen zeigten an, dass irgendwann im Laufe des Tages das Wetter umschlagen würde, weckte Prello seinen Freund von der Erde. Anika schlief noch fest, als sich Leo zusammen mit Prello auf Zehenspitzen, aus der Höhle schlichen, um ihren Weg in Richtung Burg anzutreten. Prello hatte Leo geholfen den Tarnanzug anzuziehen und beide befanden sich jetzt auf dem Abstieg zwischen den Felsen. „Wir markieren unseren Weg, damit du wieder zurückfinden kannst, denn die vielen, hohen Felsen (nach Erdmaßstäben waren sie nicht viel höher als zwanzig bis vierzig Meter), verwirren das Erinnerungsvermögen." Von manchen Stellen aus konnten sie die Burg bereits winzig klein ausmachen aber der Weg war noch weit und voller Überraschungen.

„Achtung", zischte Prello, der sich ebenfalls unsichtbar gemacht hatte, „dort, rechts von uns, auf der kleinen Felsenkante, schläft ein Wächter. Ich kann ihn an der hervorstehenden Zipfelmütze erkennen. Wir müssen unter ihm vorbeikommen. Achte darauf keine Steinchen zu lösen oder gar zu stolpern, Zwerge sind selbst während des Schlafes sehr hellhörig."

Ahnon hatte Prello erlaubt, Leo zu begleiten. Er war einer der wenigen Lichtzwerge, der sich auch im Zwischenreich unsichtbar machen konnte. Jedem Zwerg gelang dies zwar auf der Erde, aber dazu brauchten sie sich auch gar nicht sehr anzustrengen, denn ihre Natur aus von Natur schwangen sie sich in einem viel höheren Frequenzbereich als die menschlichen. Prello gehörte nicht umsonst zum Rat der Weisen, obwohl er nur etwa zweihundert Jahre zählte.

Langsam, beinahe in Zeitlupe, schlichen sie den Hang hinab, ohne auch nur das geringste Geräusch zu verursachen. Nur ein großer Vogel mit breiten Schwingen und einem merkwürdig nach oben gebogenen Schnabel spürte die veränderte Situation und krächzte, um seine Kameraden aufmerksam zu machen. Dies genügte bereits, um auch den Zwerg aufzuwecken, der sich sofort nach allen Seiten umblickte aber, als er nichts wahrnahm, sich wieder gähnend hinlegte. Leonard atmete tief auf. Sein Herz schlug schneller und leichter. Schweiß bildete sich auf seiner Stirn. Natürlich dachte er nicht jede Sekunde an seinen schützenden Umhang und glaubte deshalb oft, dass man ihn entdecken würde. Prello beruhigte ihn doch dann legte er plötzlich den Finger auf den Mund. Mit seinen Händen hinter den Ohren, um Leonard auf ein Geräusch aufmerksam zu machen, wies er ihn an, ihm sofort zu folgen und einen wagehalsigen Aufstieg auf eine kleine Plattform durchzustarten.

Keine Sekunde zu früh, sie klammerten sich gerade an eine kleine Felsspitze, als unter ihnen ein lautes Knurren und Schnauben ertönte. Sie konnten nicht erkennen, was es war, aber an den kratzenden Geräuschen erahnten sie ein wildes, mit Krallen versehenes Tier. Wie Leo bereits wusste, gab es auf dieser Zwischenwelt kein Lebewesen, das ein anderes umbrachte, aber es konnte vorkommen, dass die vermeintliche Bedrohung des eigenen Lebens zu groß eingeschätzt wurde und man schon aus dieser Furcht heraus Schaden nehmen konnte. Zum Beispiel wenn man zu zittern anfing und man dabei den Halt verlor oder man beim Weglaufen aus Unachtsamkeit hinfiel und sich dabei verletzte. Doch das Tier unter ihnen erkannte bald, dass es mit niemand Spaß haben konnte und verschwand wieder im unendlichen Meer der Steine.

Sicherheitshalber warteten Prello und Leo noch einige Zeit, bevor sie ihren Ort verließen um auf einem schmalen Kletterpfad wieder nach unten abzusteigen. An verschiedenen Stellen ritzten sie Zeichen in die Felsen, damit Leo wieder zurück finden konnte.

Ein großes Geröllfeld bereitete ihnen Sorgen. Wie konnten sie es überqueren, ohne dabei laut zu werden. Überall spielten kleine Riesen mit den Steinen und warfen um die Wette. Sich zwischen den großen Steinen nach unten schleichen wäre kein Problem gewesen aber auf den ganz kleinen, würden sie wegrutschen.

„Wir müssen eine Steinlawine auslösen, die die kleinen Riesen vertreibt und dann, sobald sie weg sind hinterher springen. So wird man uns nicht bemerken", empfahl der schlaue Prello. Beide suchten einen großen, runden Kiesel, der so knapp am Rande des Geröllfeldes lag, dass es nicht auffiel, als sie ihn anstießen und über das Geröllfeld rollen ließen. Die kleinen Riesen sprangen tatsächlich voller Panik davon.

„Jetzt nichts wie hinterher", meinte Prello und stieß Leo dabei an. Die Steine lösten eine immer noch größer werdende Steinlawine aus, die sich allerdings, als es flacher wurde, langsam wieder beruhigte. Leo erkannte die Gefahr und riet Prello im Vorbeirennen:

„Wir müssen uns beeilen, bevor die kleinen Riesen zurückkehren, lass uns die langsamer werdenden Steine überholen, sonst werden sie uns entdecken." Prello kapierte sofort und verdoppelte sein Tempo. Leider wurde er dabei so schnell, dass er die Kontrolle über seine Beine verlor und so heftig stolperte, dass er sich überschlug. Zum Glück landete er wieder auf seinen Beinen, konnte aber vor Schreck nicht mehr weiter. Es waren nur noch wenige Meter bis zum Ende des Geröllfeldes. Leo hatte es bereits erreicht und die letzten Steine kullerten aus und. Leo schaute ratlos zurück. Oberhalb des Feldes hatten sich bereits einige kleine Riesen eingefunden und schauten einfältig nach unten sahen aber in ihrer Betroffenheit noch nichts.

„Macht überhaupt nichts", flüsterte Prello sich selbst zu, verschwand und stand plötzlich neben Leo hinter einem Felsbrocken. Der grinste, denn er erinnerte sich wieder an die Zeit, als sie Anika aus der Zwisslerborg befreit hatten. Damals musste sich Prello ebenfalls des Öfteren unsichtbar machen und an einer anderen Stelle wieder auftauchen. Wie er das fertigbrachte, wusste Leo nicht, Prello konnte es einfach.

„Warum bist du überhaupt mit durch das Geröll-feld?", fragte ihn Leo, du wolltest mir doch nur die Wächter zeigen und hättest dich auch gleich unsicht-bar machen können?"

„Ich wollte es dir gleichtun", seufzte dieser.

Beide sahen nach oben und erblickten einige Kinder der kleinen Riesen, die kleine Steinchen herunterwar-fen und sich darüber freuten, wie sie aufschlugen und kreuz und quer sprangen.

Die kleinen Riesen besaßen offensichtlich keine Burgrechte und hatten die Aufgabe die Burg außer-halb zu bewachen.

„Ob ihnen das auf die Dauer großen Spaß macht?" fragte sich Prello und Leo ergänzte laut:

„Ich glaube nicht, dass sie das lange mitmachen, wenn sie nicht mit Lichtsteinen bezahlt werden." Da hatte Prello nicht ganz unrecht.

Die Lichtburg

Die Entfernung bis zum Burggraben betrug nur noch wenige hundert Meter. Es floss kein Wasser in diesem Graben, sondern er bestand größtenteils aus einer tiefen Schlucht, an die zu überwinden man überhaupt nicht denken brauchte. Die einzige Möglichkeit sie zu überqueren bestand in einer Brücke, die jedoch leider hochgezogen an der Mauer lehnte. Guter Rat war angesagt.

„Wir müssen einfach warten, bis sie herauskommen, dann nutzen wir die Gelegenheit."

„Du bist gut", erwiderte Leo, „spazieren wir dann einfach rüber in die Burg? Das glaubst du ja selbst nicht, dass diese Brücke lang geöffnet sein wird, wenn überhaupt."

„Nein, natürlich nicht, wir brauchen eine Idee. Heute Abend werden sie sicher nicht mehr herab lassen, wir haben also genügend Zeit uns etwas auszudenken."

„Vielleicht kann uns der Mausvogel helfen?" hoffte Leo.

„Mit ihm dürfen wir nicht rechnen, er ist nicht einzuschätzen. Aber dort drüben in der Mauer sitzen ein paar Vögel mit langen Flügeln, das sind Schattenvögel, du kennst sie ja, sie schnappen dich, umhüllen dich mit ihren Flügeln und halten dich für eine Nacht bei sich gefangen. Wenn du dich traust, hast du bald ohne Anstrengung die Schlucht überwunden? So könnte es gelingen. Ich habe mich entschlossen, dir

39

weiter zu helfen und für mich ist es auch, wie du weißt kein Problem über die Schlucht zu gelangen."

„Also gut", antwortete Leo, ich wage es, sobald es dunkel wird, zeige ich mich den Vögeln."

Der Trick mit dem Schattenvogel

Das letzte Stück mussten sie durch einen schmalen Spalt nach unten klettern. Er war geradezu ideal, denn er bot ihnen auch Schutz vor einer Entdeckung durch die Langohrzwerge, die in unregelmäßigen Abständen oben über die Mauer gingen und dabei sehr genau das Gelände nach Bewegungen absuchten. Sie fühlten sich in ihrem Innersten schuldig und hatten deshalb dauernd Angst von den Lichtzwergen angegriffen zu werden.

Während sich Leo überlegte, wie er sich am besten von einem Schattenvogel gefangen nehmen lassen konnte, dachte Prello bereits über einen Besuch in der Burg nach. Er kannte sich ja bestens aus und wollte deshalb das Versteck ausfindig machen, wo die Langohren und die Nordzwissler ihre wertvollen Gegenstände versteckt hielten. Oman verstaute sie immer in der höchsten Turmspitze. Warum also sollten die Langohrzwerge sich etwas anderes überlegen? Aber er hatte sich getäuscht, hatte seine Gegner unterschätzt. Tricks, Fallen und Täuschungen waren ihr Spezialgebiet hierfür setzten sie den größten Teil ihrer Intelligenz ein.

Bei Leonard dauerte es keine zwei Minuten, bis er von einem Schattenvogel umschlungen und fortgetragen wurde. Währenddessen saß Prello schon auf dem Dach des höchsten Turmes und grübelte, wie er weiter vorgehen sollte.

Leo presste es fast die gesamte Luft aus den Lungen und er bekam kurzzeitig Panik ersticken zu müssen, aber der Flug dauerte tatsächlich nicht so lange und endete wie vorhergesehen in einer Mauernische. Hier lockerte der Vogel seinen Umhang, sodass Leonard etwas leichter atmen konnte. Es wurde ihm ganz heiß unter den Flügeln und er konnte sich kaum bewegen. Da kam ihm ein Gedanke:

„He", sagte er laut in der Annahme auch dieser Vogel könnte ihn verstehen. „Hörst du mich?" Anstatt einer Antwort vernahm er nur ein komisches Gekicher, das sich anhörte, als würde jemand unter Wasser lachen. „Pass auf, du Spaßvogel, ich mache dir ein Angebot, wenn du mich in die Burg schaffst, ohne dass mich jemand sieht, hast du einen Wunsch frei." Wieder ein blubberndes Kichern. „Ach so, das schaffst du nicht, na dann, kichere ruhig weiter bis morgen früh." Jetzt hatte er einen wunden Punkt des Vogels getroffen, denn er und seine Kameraden glaubten allesamt, dass sie die größten Witzbolde unter den hier lebenden Wesen seien, denen alles gelänge, was sie wollten.

Der nun in seinem Stolz verletzte Vogel zog seine Flügel enger, um Leonard Angst einzujagen. Der aber meinte nur: „Ich wusste es, du kannst nur Angst machen und darüber lachen aber ein Gewicht wie mich in die Burg zu tragen dazu reicht deine Kraft und dein Verstand nicht." Diese Worte verkrafteten die Psyche des Vogels nicht. Er öffnete seine Flügel und flog ohne zu kichern, dafür aber mit wildem Krächzen davon. Er empfand sich zu tiefst gedemütigt.

Leonard war selbst von seinem Erfolg so überrascht, dass er plötzlich alleine gelassen, beinahe aus der Nische gefallen wäre. Während er sich von diesem Schreck erholte, hörte er über sich Schritte. Ganz in das Loch der Mauer gedrängt, wartete er ab. Die Schritte kamen näher und er hörte, wie sie direkt über seinem Kopf gingen und sich dann wieder entfernten. Er war also nur wenig von der Oberkante der Mauer entfernt und konnte sich vielleicht sogar an ihr hochziehen. Leider war die Nacht sehr dunkel, kein Mond am Himmel. Er sah die Hand nicht vor seinem Gesicht und konnte deshalb nur ein wenig um sich herum tasten. Er musste bis zum ersten Morgengrauen warten und das tat er dann auch. Er schloss die Augen und schlummerte vor sich hin.

Leonard erwachte aus einem Traum mit der Erinnerung an einen kleinen Höhlendrachen, der unterhalb eines Flusses voller Licht in einer Spalte verschwand. Was war das? fragte er sich. Wer hatte ihm diesen Traum geschickt? War dies die Lösung seines Problems? Die Helligkeit der Steine, hatten ihn etwas geblendet gehabt, was er im Nachhinein nicht verstand, denn laut Ahnon und Prello, besaßen die Kristalle der Lichtsteine augenblicklich nur noch die Farben von normalem Felsgestein. Trotzdem glaubte er jetzt an einen guten Ausgang seiner Mission, denn der Traum wurde von positiven Gefühlen begleitet.

Die Spitzen der Berge, von welchen er und Prello tags zuvor herabgestiegen waren, begannen zu leuchten. Leo musste sofort handeln. Er zog seinen Umhang an, tastete nach oben zur Mauerbegehung und konnte sich tatsächlich an ihrer Kante hochziehen. Die Wächter schliefen wohl noch, denn niemand war in der Nähe zu sehen. Am Ende des Mauerganges erkannte er eine Treppe, die er schnellstens zu erreichen versuchte, was auch nicht weiter gefährlich gewesen wäre, wenn sich nicht in diesem Augenblick ein völlig verschlafener Wächter auf seinem Wehrturm erhoben hätte, um in die Runde zu blicken. Obwohl Leo wusste, dass er nicht gesehen werden konnte, durchfuhr ihn ein Schreck. Dann hörte er:

„He, aufwachen, bald kommt die Ablösung, die brauchen nicht zu sehen, dass wir geschlafen haben." Plötzlich standen drei weitere Langohrzwerge an der Treppe und rieben sich den Schlaf aus ihren Gesichtern. Leonard setzte sich mit seinen Beinen nach außen auf das kleine Mäuerchen, damit er ihnen ausweichen konnte.

„Gestern Abend, das war schon komisch, hörte ich zum ersten Mal einen Nachtschatten schreien, so laut wie noch nie, als ob er von irgendetwas aufgeschreckt worden wäre. Ich habe lange nach ihm Ausschau gehalten, aber er war nicht zu sehen."

„Ist besser, wenn ihr von nichts wisst, dann müsst ihr auch keine dummen Fragen beantworten wie: Habt ihr nicht nachgeschaut und so fort. Eigentlich hätte ich euch wecken müssen. Denke aber es war besser so. Hoffe ihr habt gut geschlafen." Die Gesichter seiner Kumpane verzogen sich zu einem schrecklichen Grinsen.

„Mach dir keine Sorgen alter Wurzel, wir hätten auch nicht nach dem Vogel oder Anderem suchen wollen. Die Lichtzwerge haben Angst vor uns und unseren Wunschstäben, die trauen sich bestimmt nicht in die Nähe." Nach dieser Aussage eines sehr kräftigen Zwerges mit knolliger Nase, verteilten sie sich auf ihre Posten, wobei einer knapp neben Leo zum Stehen kam. Leise bewegte sich dieser seitlich weg und ging dann zur Treppe. Dort huschte er lautlos ins Innere der Burg.

„Wo soll ich nur mit Suchen beginnen?" fragte er sich. „Was sagte doch gleich Ahnon? In der Spitze des höchsten Turmes? Also muss ich den ganzen Serpentinweg nach oben gehen, dort steht der höchste Turm." Das wusste er noch, wie aber da hineinkommen? und wo war eigentlich Prello?

45

Prello wird aktiv

Prello, nicht untätig in dieser Nacht, hatte sich immer wieder vor den obersten Fenstern des Turmes auf den Simsen herumgetrieben, um nach innen zu schauen und um vielleicht das Gesuchte zu entdecken. Aber Nichts konnte er in Erfahrung bringen außer, dass in den Räumen ein heilloses Durcheinander herrschte. Diese Langohrzwerge kannten einfach keine Ordnung, nicht in ihren Gedanken und vermutlich deshalb auch nicht in ihrem Handeln. Er musste sich etwas anderes einfallen lassen. Jetzt war es aber zunächst wichtig Leo zu finden. Vielleicht war es ihm ja gelungen in die Burg zu gelangen? Er wollte alles überblicken und zu diesem Zwecke stellte er sich auf das Dach dieses hohen Turmes. Wollte er Leo sehen, musste er sich ebenso unsichtbar machen. Er tat es und sah ein kleines Männlein den Weg heraufeilen, das musste Leo sein. Im nächsten Augenblick stand er neben ihm und beide freuten sich überschwänglich, dass sie sich gefunden hatten.

„In der Turmspitze ist nichts, außer alten Waffen und Geräten. Ich denke, wir sollten die Höhlen unten beim Brunnen unter die Lupe nehmen. Ich denke dabei besonders an die Räume unserer Handwerker und Krämer." Sie drehten um und liefen völlig unbekümmert zu den ehemals, von den Lichtzwergen benutzten Höhlen. Alle standen weit geöffnet und man hatte nicht den Eindruck, dass hier etwas Wertvolles hätte versteckt sein können. „Leo lass dir was einfallen, sonst bist du auch immer so kreativ", meinte Prello leicht vorwurfsvoll, lächelte aber dabei verschmitzt.

„Wo würdest du die Mäntel verstecken? Du kennst die Burg besser als ich", antworte dieser.

„Ich würde sie dort hinlegen, wo sich auch die Stäbe befinden, wenn sie inzwischen entdeckt haben, was man mit den Umhängen alles anfangen kann, dann nur dort und wo man sie schnell griffbereit hat. Ich denke auch, dass sie werden nur höhergestellte Wachsoldaten anziehen dürfen."

„Du hast recht, es bringt uns aber nicht wirklich weiter", antwortete Leo. „Wir sollten einen Überfall provozieren, dann könnten wir von von einem guten Platz aus beobachten, wer, wo und was an Waffen und Mänteln geholt wird."

„Ich wusste es, mein Leo, der Clevere. Nun bin aber ich wieder dran, lass mich kurz überlegen. Bleib du beim Dorfbrunnen, von hier aus hast du den besten Überblick. Ich gehe zurück zum Felsspalt und versuche die kleinen Riesen zu reizen."

Leonard lief weiter zum Brunnen, während sich Prello in die Felsen bis zum Geröllfeld zurück katapultierte. Hier hatten sie viele kleine Riesen beobachtet, die jetzt die Opfer seines Streiches werden sollten. An mehreren Stellen des Geröllfeldes legte er so große Kiesel, wie er gerade noch schleppen konnte. Dann schubste er sie in seinem unsichtbaren Zustand an und stieß dabei immer wieder gellende Schreie aus. Einmal von der linken Seite, dann wieder von ganz rechts oder genau aus der Mitte des Steinbruches. Die ersten kleinen Riesen kamen herbeigelaufen und suchten mit ihren Augen die Stellen ab, wo sie die

47

Rufe hörten. Immer mehr erschienen und immer aufgeregter unterhielten sie sich. Als sich die ersten Steine vom Rand lösten und die Geröllhalde hinunter polterten, dachten viele an ein Erdbeben, dann wieder an Geisterwesen aus den umliegenden Höhlen. Als sie aber dann selbst kleine Steinchen an Kopf und Körper trafen, reagierten sie total hysterisch. Einer rief: „Auf zur Burg, die Langohrzwerge und die Zwissler müssen uns helfen."

Hals über Kopf rannten sie den Abhang hinab, wobei sie sogar ihre Kinder vergaßen, die vor Angst fürchterlich zu schreien anfingen. Mit riesigen Schritten überwanden sie schnell die Felsen und standen im Nu vor der Burg.

„Lasst uns herein, lasst die Brücke runter, sofort", schrien sie. Die Langohrwächter, skeptisch und voller Misstrauen, schickten gleich nach ihrem Oberhaupt.

„Die wollen uns nur überrumpeln und die Burg übernehmen, holt die Stäbe und die Tarnung", rief Branak, nicht ahnend, dass Leo ganz in seiner Nähe stand.

Ein Wächter mit mächtig viel goldenen Verzierungen auf seinem Umhang zog einen Schlüsselbund aus seinem Gürtel und lief geradewegs hinter den Brunnen, wo sich ein, durch eine dicke Holztür versperrter, enger Höhleneingang befand. Leo folgte ihm und sah ihm zu, wie er ein klobiges Eisenteil in das Schlüsselloch steckte. Knarzend öffnete sich die Tür und da lagen sie, die von allen so begehrten Utensilien der Zwerge. Fünf Wunschstäbe, den Elfen der Elfenquelle entwunden, standen in einer Ecke und die fünf Umhänge der Lichtzwerge lagen unordentlich über einem Holzhaufen. Leonard erkannte seinen Umhang mit dem Bändel sofort. Jetzt musste er schnell handeln. Der Wächter nahm die Stäbe an sich und war gerade wieder im Begriff nach draußen zu verschwinden, als sich Leonard blitzschnell einen Umhang griff, diesen unterschob, einen Stein aufhob und gegen die Wand schleuderte. Der Lärm irritierte den Wächter so sehr, dass er sich umschaute und Leo unbemerkt an ihm vorbeischlüpfen konnte. Er hatte es geschafft. Schnell setzte er sich wieder auf den Brunnenrand, seinem Treffpunkt mit Prello und wartete voll heimlicher Freude. Der Wächter, der nicht bemerkt hatte, dass ein Umhang fehlte, verschloss kopfschüttelnd wieder die Tür und eilte zu seiner Elitetruppe.

Die kleinen Riesen wehren sich

Vor der Mauer hatten sich inzwischen alle kleinen Riesen versammelt und forderten, dass die Langohrzwerge das Burgtor öffneten. Diese aber, standen inzwischen dicht gedrängt auf der Mauer und drohten mit ihren Stäben sie in eine andere Welt zu verwünschen.

„Ihr habt uns betrogen", schrie ihr Anführer, „Wir wollen unseren zugesagten Anteil an Lichtsteinen."

„Wir haben nur wenige gefunden, die anderen existieren nicht bzw. wir wissen nicht, wo die Lichtzwerge sie abgebaut haben."

„Das glauben wir nicht mehr, wir helfen euch die Burg zu bewachen und was bekommen wir dafür?"

„Gut", erwiderte Branak, der Befehlshaber der Nordzwissler, „ihr glaubt uns nicht, vier von euch dürfen rein und sich umschauen, sie bekommen auch zwei Lichtsteine, mehr können wir nicht hergeben, wir haben selbst nicht genug."

Die kleinen Riesen murrten unzufrieden, erklärten sich aber schließlich doch einverstanden. Das Burgtor wurde herabgelassen und über die Schlucht gelegt. Prello wollte sich den Spaß nicht nehmen lassen und überquerte deshalb als erster die Brücke glücklich und unsichtbar für jeden, Dann rannte er zum Treffpunkt. Er sah Leo schon von Weitem, wie er mit dem Umhang schwenkte und auf ihn zugerannt kam. Gemeinsam eilten sie zum Stadttor kamen aber bereits zu spät, es war wieder geschlossen worden. Sie entdeckten drei kleine Riesen. Jeder von ihnen huschte in eine andere Richtung, um die Burg zu durchsuchen, der vierte ging neben Branak, der ihm erzählte, dass die Lichtzwerge vermutlich auf irgendeine Weise, den Abbau der Lichtsteine versiegeln konnten. Sie seien selbst noch auf der Suche und wenn sie ihn gefunden hätten, würden alle davon zu Genüge profitieren. Leo folgte ihnen und sah wie der Anführer der kleinen Riesen nickte, als ob er davon etwas verstanden hätte. In Wirklichkeit glaubte dieser kein Wort. Was wollte dieser dumme Zwerg ihm da weismachen? Es gäbe keine Lichtsteine? Blitzschnell ersann er einen Plan.

Branak führte ihn zum Tunneleingang, den Leo und Prello natürlich kannten. Er läuft durch den Berg zum Fluss unten im Berg.

„Hier in diesem Tunnel, so glauben wir", sprach der Anführer der Zwissler, „muss der Lichtsteinabbau stattgefunden haben. Entweder haben sie ihn durch eine illusorische Mauer versteckt oder aber so zugebaut, dass wir ihn kaum finden können. Aber wir werden ihr Geheimnis schon noch lüften, es kann nicht mehr allzu lange dauern. Sobald ihr einen Lichtzwerg draußen gefangen nehmt, pressen wir die Wahrheit aus ihm heraus. Die Rinne eines Höhlenbaches, der vor vermutlich vor nicht allzu langer Zeit hier noch geflossen sein muss, haben wir bereits entdeckt." Diese Entdeckung interessierte den kleinen Riesen überhaupt nicht. Er glaubte Branaks Trick durchschaut zu haben, spielte aber trotzdem den Verständigen, denn schließlich wollte er wieder unbehelligt die Burg verlassen können.

Leo eilte zu Prello zurück und flüsterte ihm zu: „Ich glaube, wir müssen nur warten, bis die kleinen Riesen die Burg wieder verlassen haben, dann kommen wir am bequemsten über die Schlucht."

„Was hast du erfahren?" fragte Prello ungeduldig. Leo klärte Prello über das Gespräch auf, das er zwischen Branak und dem kleinen Riesen belauscht hatte. Danach suchten sie zunächst wieder den Brunnen auf und tranken vom Wasser, bis ihre Bäuche spannten.

„Ob das die kleinen Riesen noch lange mitmachen?" dachte Prello.

„Es wird höchste Zeit, dass wir Enric und Oman wieder zurück holen, dann können wir besser entscheiden, was zu tun ist." Beide schauten sich nach essbaren Pflanzen um, denn der Hunger nagte in ihnen, wie ein Eichhörnchen an einer Nuss. Sie bedienten sich auf eine spezielle diebische Art an ausgelegten Obst- und Gemüsewaren, liefen dann wieder zum Tor und warteten dort in einer Nische, wo sie niemand unversehens anrempeln konnte, auf die Rückkehr der kleinen Riesen.

„Leo, bitte gib mir den Umhang, ich brauche ihn jetzt, ich kann nicht mehr lange, irgendwann schwindet dieser feine energetische Zustand, dann werde ich wieder sichtbar, bevor ich es merke und das kann gefährlich werden."

„Das wusste ich nicht, da, nimm ihn, schnell."

„Danke", erwiderte Prello und zog ihn eilig über.

Es vergingen keine zwei Stunden und die vier Riesen standen wieder vor der Zugbrücke.

„Wo ist Branak? Fragte der Brückenwächter.

„Er kommt gleich, er hat was im Gang entdeckt, du sollst uns aufmachen und uns über die Brücke lassen." Der Wächter nichts Böses ahnend, öffnete die Brücke und die vier kleinen Riesen sowie die zwei Unsichtbaren verließen die Burg.

Leonard und Prello ließen so schnell sie konnten die Szene vor der Burg hinter sich. Sie sahen nur noch, wie der Anführer der kleinen Riesen einen Stab unter seiner Kleidung hervorzog und beide wussten sofort um welchen Stab es sich handelte. Offensichtlich konnte er dem Anführer Branak dieses Verwünschungsgerät entwenden und ihn irgendwo einsperren. Das würde Ärger geben, dem sie sich so schnell wie möglich entziehen mussten. Eilig kletterten sie wieder das erste Felsmassiv hoch und setzten sich erschöpft vor das Geröllfeld. Niemand war zu sehen, sie konnten aber das Schluchzen der kleinen Riesenkinder hören, die sich vor Angst in einer Höhlennische zusammengekauert hatten und auf ihre Eltern warteten.

„Sollen wir ihnen sagen was passiert ist?" fragte Leo, „damit sie sich nicht mehr so ängstigen müssen?"

„Besser nicht, sie würden sofort mit uns spielen wollen und uns durch die Gegend jagen. Dafür können wir jetzt aber unbesorgt über das Geröllfeld wieder nach oben. Selbst wenn sie was hören, glaube ich nicht, dass sie nachschauen werden."

Nach einem kräftigen Schluck aus einem kleinen Bergrinnsal, nahmen sie den Aufstieg über das Geröllfeld in Angriff. Sie schwitzten am ganzen Leib und hätten am liebsten ihre Umhänge abgenommen.

„Vielleicht können wir sie weiter oben ausziehen, die meisten der kleinen Riesenwächter werden ihre Posten verlassen haben."

Leo und Prello konnten natürlich nicht verhindern, dass sich Steine unter ihren Füßen bewegten und ab und zu den Hang hinab rollten. Es war ihnen aber gleich, auf die Kinder der kleinen Zwerge nahmen sie jetzt keine Rücksicht mehr. Sie wollten nur so schnell wie möglich nach oben, denn wenn die kleinen Riesen zurück kämen, dann bestimmt nicht mit so kleinen Schritten, wie sie gewöhnlich machten. Mit ihren langen Beinen könnten sie das Steinfeld in wenigen Augenblicken überwinden.

Die Begegnung mit dem Trendler

Endlich oben angekommen, hörten sie die wilde Meute schon unter sich. Sie stritten sich und belagerten permanent ihren Anführer. Jeder wollte den Stab berühren oder gar ausprobieren.

„Nein, nimm deine Finger weg, es ist zu gefährlich, einmal ein Wunsch auf denjenigen ausgesprochen, auf den man mit diesem Stab zeigt, geht dieser sofort in Erfüllung", schrie der Anführer, was viele trotzdem nicht abhielt immer wieder nach dem Stab zu greifen. Die kleinen Riesen waren zwar respektvoll in ihrer Größe anzusehen, doch in ihren Gesichtern erkannte man einen einfältigen Ausdruck, sie waren etwas einfach gestrickt, die Größe ihres Gehirns hatte während ihres Wachstum offensichtlich nicht mitgehalten. Sie lebten im Jetzt und machten sich kaum Sorgen um die Zukunft. Warum auch, das Leben lief immer weiter und es gab genügend zu essen, überall. Sie verkomplizierten nichts, agierten und reagierten auf das, was sie sahen. Dadurch hatten sie natürlich in gewisser Weise einen Nachteil gegenüber den Zwisslern und Langohrzwergen, die immer planten, Schätze anhäuften, spielten, sangen und tranken. Warum hatten sie nur ihre Heimat am Fluss verlassen? Ihr Anführer hatte sich in seiner bescheidenen Denkweise zum ersten Mal von den Zwisslern überreden lassen, die Lichtzwerge von der Burg fernzuhalten. Dafür würde man ihnen Lichtsteine geben und helfen, Drachen zu bauen, um über den Fluss fliegen zu können. Das Versprechen war aber schon lange her und eigentlich wussten sie gar nicht mehr so genau wo ihre richtige

Heimat war. Jetzt waren sie hier und kamen bis jetzt auch damit ganz gut zu recht. Langsam aber spürten sie den Betrug und nachdem, was sich heute ereignet hatte, fingen sie zum ersten Mal an etwas Intensiver zu überlegen.

Prello und Leo marschierten inzwischen zügig die Hänge hinauf, überquerten Felsen und Bäche und schlüpften durch kleine Höhlen. Es war kein Problem für sie ihre markierten Steine wieder zu finden, wahrscheinlich hätten sie den Rückweg auch ohne diese Zeichen geschafft, denn sie besaßen beide einen gut ausgeprägten Orientierungssinn.

„Vielleicht können wir uns mit den kleinen Riesen zusammenschließen jetzt, wo sie Probleme mit den Burgbewohnern bekommen", meinte Prello.

Und er hatte gar nicht so Unrecht, was die Probleme anbelangte. Nach einer mehrstündigen Suche, fanden die Zwerge auf der Burg endlich Branak in einer verschlossenen Nebenhöhle des langen Gangs. Der Schlüsselbund lag vor der Türe und es war auch sofort klar, wer ihn dort eingesperrt hatte. Die Zwerge waren wütend, wussten aber gleichzeitig auch um die Wichtigkeit der kleinen Riesen vor ihrer Burg.

„Trotzdem", mahnte Branak, „wir müssen sie bestrafen und sie müssen uns den Stab zurück geben. Wenn es nicht freiwillig geschieht, dann holen wir ihn uns einfach zurück und verwünschen ihren Anführer in die Welt der großen Tiere." Sofort stimmten alle zu, jeder wollte beim Verwünschen dabei sein, doch Branak meinte: "Lasst uns nichts überstürzen, kräftemä-

Big sind sie uns überlegen und mit diesem einen Stab sind sie nicht ungefährlich."

Auf der Mauer wurden die Wachen verstärkt und keiner bekam mehr Gelegenheit während des Wacheschiebens einzuschlafen. Wurde einer erwischt, so ging es für einige Tage in die kleine Höhle, dort wo man auch Branak eingesperrt hatte, und dann war es aus mit Lachen, Singen und Trinken, zumindest während dieser Zeit.

Endlich erreichten Leo und Prello erschöpft und völlig verschwitzt die grüne Hochfläche vor ihrem unsichtbaren Eingang. Um kurz durchzuschnaufen blieben sie am Rande des Abhanges sitzen. Plötzlich duckte sich Prello und gab Leo ein Zeichen, es ihm gleichzutun. Beide verharrten mucksmäuschenstill hinter einem Felsbrocken. Nach kurzer Zeit erblickten sie einen langen Schatten, den die flache Abendsonne an die gegenüberliegende Felswand projizierte. Er stammte von einem Wesen, das aussah wie ein runder Federnbusch auf Zwergbeinen, mit ebensolchen Armen und einem vogelähnlichen Kopf. Aber es besaß ein menschliches Antlitz und zwei zusätzlichen Stummelflügeln, die irgendwie fehl am Platze waren, denn mit ihnen konnte es bestimmt keine großen Höhen erreichen, wenn überhaupt irgendetwas.

„Pass auf, die dürfen uns nicht sehen. Normalerweise leben sie woanders, am Fluss oder verstreut in den Bergen. Sie können uns nichts anhaben, aber es sind Verräter. Alles was sie entdecken, melden sie sofort dort, wo sie etwas dafür bekommen. Es wäre

57

fatal, wenn sie unseren Unterschlupf entdecken würden. Sie würden sofort nach unten zur Burg fliegen. So weit reicht die Kraft ihrer Flügeln. Dort würden sie Meldung machen, ihre Belohnung abholen und nach Hause watscheln. Hoch fliegen ist zu anstrengend für sie. Also Vorsicht, sie dürfen uns nicht sehen. Wenn es doch passieren sollte, müssen wir sie fangen und einsperren. Mit vielerlei Geschenken könnte man ihre Meinung so ändern, dass sie dann alles Neue uns melden würden."

„Das ist ja witzig", sagte Leo, „vielleicht sollten wir ihn gleich fangen, er könnte uns immer das Neueste von den Zwergen auf der Burg berichten?"

„Nein nein, das dauert alles viel zu lange, bis sie sich umgestellt haben vergehen Monate."

„Schade", dachte Leo, „ einen guten Informanten hätten wir brauchen können."

Der Trendler, so nannten die Zwerge diese Wesen, schaute hinter jeden Stein und als er eine Pflanze bemerkte, die ansonsten woanders wuchs, blieb er lange stehen und überlegte.

„Denken ist wohl nicht seine Sache", flüsterte Leonard.

„Ja da hast du vollkommen recht, sie denken sehr langsam und oft vergessen sie einfach über was sie gerade nachdenken." Leonard prustete laut hinaus und hielt sich schnell den Mund zu, um sich nicht zu verraten. Der Trendler hob kurz den Kopf und als er nichts sah, lief er eiligst weiter.

„Er hat wohl etwas gehört, hat aber Angst bekommen und läuft jetzt nach Hause." Prello hatte sich nicht richtig ausgedrückt, denn der Vogelzwerg lief nicht nach Hause, sondern sprang von einem Stein in den Abgrund. Er sah aus wie eine Kanonenkugel mit angelegten Flügeln und Leo hätte nie gedacht, dass dieses Wesen seine Fluggeschwindigkeit noch rechtzeitig vor dem Aufprall abfangen könnte.

„Uff, das war knapp", meinte Prello, „hoffentlich erzählt er nichts über die Pflanze, wir haben sie hierher geholt. Sie besitzt sehr sensible Blätter, die mit der Sonne auf und zu gehen. Wenn ein Schatten über sie fällt, schließt sie ebenfalls die Blätter. Für uns besitzt sie die gleichen Eigenschaften wie ein Wächter. Wenn sich ihre Blätter schließen, gelangt über eine unsichtbare Leitung, diese Mitteilung zu uns und wir sind gewarnt, sobald sich hier jemand herumtreibt."

„Lass uns zu den anderen gehen und uns ausruhen", erwiderte Leo. „In eurer Welt gibt es schon die merkwürdigsten Dinge."

„Nur für euch Erdenmenschen, für uns ist es normal", lachte Prello. Gemeinsam standen sie auf, liefen zum Eingang und verschwanden, wie vom Erdboden verschluckt.

Die Helden werden gefeiert

Sie hatten vor sich auszuruhen, dazu kam es jedoch zunächst nicht. Als erste fiel Anika Leo um den Hals.

„Du bist ein Held, Leo", rief sie lachend, „mein Held, mit dir zusammen habe ich keine Angst Oman und Enric zu befreien." Leo schmunzelte. Zu mehr Konversation zwischen Anika und ihm kam es nicht, denn jetzt begann ein Fest, wie es nur Zwerge veranstalten konnten. Musik spielte auf, Tische, die schon bereit standen wurden gedeckt und das Essen wurde aufgetragen. Nicht wie auf der Erde, nichts Verkochtes oder Gebratenes, alles was auf den Tisch gestellt wurde, waren die herrlichsten Pflanzen, die Anika und Leo je gesehen hatten. Pflanzen mit dicken Stielen, fleischigen Blättern, alle in Steinkrügen eingepflanzt. Dann vielerlei Früchte und Gemüsearten, dünne Fladen zusammengeknetet mit Früchten, Honig, Mehl und Blütenstaub. Sie konnte man richtig verspeisen, alles Anderem entzog man über Handauflegen einen Teil ihre ätherischen Essenzen. Leo und Anika beobachteten die Zwerge ganz genau, sie kannten diese Technik des Essens und konnten sie auch anwenden. Leider fiel es ihnen immer noch schwer den richtigen Zeitpunkt zu erwischen, bei dem sie von der Pflanze lassen mussten, um sie nicht zu töten. Prello, Nurmuth und Trauroth halfen ihnen dabei.

„Es ist ganz erstaunlich, wie frisch ich von einem Moment auf den anderen werde und dabei fühle ich mich gleichzeitig total leicht. Hoffentlich verkümmern

„Wenn wir Zwerge bei euch auf der Erde sind, ernähren wir uns auf die gleiche Weise, wie hier, aber wenn ihr übt, gelingt es euch dort ebenso. Es ist nur eine Frage des Beherrschens und des Ablegens schlechter Gewohnheiten. Euer Körper würde sich umstellen und euer Geist würde lebendiger und bewusster werden.

Zu den Frischspeisen tranken die Zwerge frisches Quellwasser. Es lief von der Felswand direkt in einer Vertiefung über die Mitte der Tische.

„Ist die Rinne verstopft? Das Wasser läuft so unregelmäßig, als ob was drin liegen würde."

„Du hast gut beobachtet Anika, da liegt tatsächlich etwas drin, vermutlich mit Absicht. Es sind kleine Lichtsteine, die dieses natürliche Wasser zusätzlich mit Lichtenergie aufladen. Ihr wisst ja, unser Ziel ist nicht, wertvolle Gegenstände oder Metalle wie Gold anzuhäufen, sondern uns geht es hauptsächlich um eine geistige Entwicklung und alles, was dazu beitragen kann, setzen wir dazu ein." Anika schluckte, das hatte ihr bisher noch niemand erklärt.

„Ich denke, wir sollten uns jetzt zurückziehen und schlafen, morgen müssen wir wieder früh aufstehen Anika, dann beginnt unsere gemeinsame Mission. Es wird bestimmt schwerer als mit Prello, denn die Zwissler und Langohrzwerge haben jetzt vor uns und den kleinen Riesen Angst. Beide gingen Hand in Hand

61

unsere Verdauungsorgane nicht, die brauchen wir noch auf der Erde", flüsterte Leo zu Anika. Prello, mit seinem feinen Gehör erwiderte nur:

in ihre Schlafhöhle zurück, wo zwei Tarnumhänge lagen.

Die Begegnung mit einem alten 8-füßigen Freund

„Schau Leo, was hängt da in der Ecke?" fragte Anika, „das sieht ja aus, wie Spinnweben."

„Das kann doch nicht sein", antwortete Leonard, „Twinn sitzt doch auf der Burg."

„Saß auf der Burg und würde immer noch sitzen, wenn du nicht diesen Umhang geholt hättest, in dem ich mich versteckt habe", hörte er von oben. „Alle meine Freunde sind geflüchtet, nur ich und meine Kinder konnten uns in diesen Umhang retten. Hättest du einen anderen genommen, säße ich immer noch auf der Burg. Aus Dankbarkeit haben wir euch beiden eine Schlafhängematte gewoben. Wie du weißt, geht das bei uns sehr schnell." Langsam seilte sich Twinn von der Decke ab und kroch auf einen Felsspalt zu.

„Schlaft gut und nochmals vielen Dank für die Befreiung." Und fort war Twinn. Vorsichtig betasteten Anika und Leonard ihre Wunderhängematte, dann legten sie sich vorsichtig hinein. Leo fühlte sich wie beim letzten Mal, er versank regelrecht mit der Matte zusammen in einen tiefen Schlaf. Auch bei Anika dauerte es nicht lange, ihre letzten Gedanken hingen jedoch bei Leo, sie läge jetzt doch viel lieber neben ihm.

In dieser Nacht erschien Anika ein helles Licht und aus diesem Licht winkte ihr jemand zu. Während des Traumes wusste sie nicht, wer es war, aber als sie aufwachte, dachte sie sofort an Enric. Der Traum vermittelte ihr gefühlsmäßig die Sicherheit, dass alles gut werden würde. Leo war sich da nicht so sicher.

„Er hat dir nur zugewinkt, sonst nichts, er will dass wir kommen, aber ob es uns auch gelingen wird ist noch lange nicht sicher."

„Sei nicht so pessimistisch, mein Gefühl stimmte mich froh im Traum und deshalb wird es uns auch gelingen sie zu befreien. Träume lügen nicht", ergänzte sie noch.

Der Morgen graute, als sie Twinn mit seinem dünnen Stimmchen singen hörten:

„Die Sonne, die Sonne,
welch eine Wonne
ihr silberne Fäden
ganz ohne Schäden
verschluckt sie ohne Lohn
nur wir Spinnen hören ihren Ton."

Aufbruch

Prello klopfte an die Türe: „Wir sind schon gerichtet", rief Anika. „Wir müssen nur noch ein paar Fladen und Obst in unsere Umhängetaschen steckten."

Vor der Türe stand Prello und strahlte über das ganze Gesicht.

„Warum freust du dich so? Wer weiß ob wir uns je wiedersehen?"

„Das werden wir ganz gewiss, denn Ahnon hat mir heute Morgen erlaubt euch zu begleiten. Ich soll ihm immer wieder melden wie weit das Unternehmen gediehen ist. „Außerdem bekommt jeder von uns für alle Fälle einen Lichtstein."

Jetzt strahlten auch Anika und Leonard. Nichts konnte mehr schiefgehen, wenn sie von Prello begleitet wurden. Er war der beste Kundschafter, Spion und gleichzeitig Freund, dadurch, dass er sich unsichtbar machen konnte, hatten sich ihre Chancen verzigfacht. „Und", vervollständigte Prello Leos Gedankensatz, „ich besitze einige Erfahrung mit anderen Welten, auch ohne dass ich dort war".

„Wie das?" fragte Leo.

„Lass dich überraschen. Ahnon gab mir auch Brillen, die seitlich von Twinn abgedichtet wurden, damit kein Licht einfallen kann." Leo setzte sofort eine auf und sah überhaupt nichts.

„Hier nützen dir diese Brillen nichts, obwohl unsere Welt im Vergleich zu eurer Erde ja auch schon ziemlich hell strahlt." Anika drückte Prello vor überschäumender Gefühle einen Kuss auf die Backe.

„Prello, sagte sie, du bist der beste, liebste Freund, den ich kenne". Als sie ihren Lapsus erkannte, fügte sie hinzu: „natürlich hinter Leo." Leo atmete sichtlich erleichtert auf und riet:

"Ich glaube, jetzt ist es Zeit zu gehen, bevor die anderen alle wach werden und sich jeder von uns verabschieden möchte, das würde zu lange dauern." Prello und Anika grinsten und nickten.

„Ja, gehen wir los."

Vor dem Ausgang wartete der große Mausvogel, der offensichtlich alles irgendwie mitbekommen hatte.

„Nennt mich Flucks", sagte er. „Ich schlage euch vor, von der anderen Seite, also vom Fluss her, nach oben in eure Burg einzudringen, das erwartet niemand. Ich bringe euch dort hin, ihr erspart euch viel Zeit und Ärger." Die drei waren sprachlos. Endlich stotterte Leo: „Ich dachte…, „dass ihr so etwas nicht tun würdet?"

„Dachte", wiederholte Flucks. „Ich hab dir schon ganz am Anfang gesagt, als ihr zum ersten Mal unsere Welt besucht habt, dass du mir gefällst und übrigens das Erdenmädchen auch. Setzt euch also auf mich, haltet euch gut fest und ab geht's." Prello gelang es gerade noch, sich an Anika festzuklammern, als es auch schon kopfüber in die Tiefe ging. Von hier aus sahen sie die Burg der Lichtzwerge ganz klein und konnten auch die verstärkte Burgwehr als winzige Pünktchen wahrnehmen.

„Die müssen ja Angst haben und das alles nur wegen dir Prello." Trotz des starken Gegenwindes schwoll Prellos Brust.

„Ja", sagte Prello schmunzelnd, „ich glaube mein Trick ist ganz gut angekommen aber nur mit dir zusammen konnte es klappen."

„Genug des gegenseitigen Lobes", erwiderte Leo bescheiden. „Für das kommende Abenteuer müssen wir noch gewappneter sein."

„Flucks", könntest du uns dort unten vor dem Höhlenausgang absetzen?"

„Natürlich, wenn ihr euch von den drei Wächtern, die dort versteckt stehen gleich gefangen nehmen lassen wollt. Ich biete euch die andere Seite des Flusses an, wo ihr von den Steinen am Ufer verdeckt werdet", erwiderte Flucks in Gedanken.

„Danke, dort wird uns dann schon etwas einfallen. Dürfen wir dich rufen, wenn wir in Not sind?" Das dürft ihr schon, wenn ich nichts Besseres zu tun habe, helfe ich euch, muss zurzeit meist meinem Weibchen bei der Aufzucht unserer Jungen zur Seite stehen." Mit diesen Gedanken ließ er sich hinter einer Anhäufung von großen Felsbrocken am Ufer des Flusses nieder. Die Drei stiegen ab und suchten sofort eine Stelle, von der aus sie den Eingang des Felsmassives gegenüber beobachten konnten.

„Vorerst können wir nichts unternehmen, außer beobachten. Ich denke die Wachen lassen sich leicht überrumpeln, denn eine Attacke von dieser Seite erwarten sie bestimmt nicht", gab Prello zu bedenken.

Anika beobachtete den Eingang, während Leonard und Prello Pläne schmiedeten. Unter Wasser den Fluss zu überqueren, wie sie es in ihrem ersten Abenteuer gemacht hatten, konnten sie vergessen. Es fehlten die genialen luftdichten Säcke.

„Mit Hölzern könnte es uns auf dem Wasser gelingen. Wir müssen dann allerdings, wegen der Strömung weiter oben am Flusslauf einsetzen und rüber schwimmen." Aber wie dann weiter, wenn wir den kleinen Uferstreifen unter dem Eingang erreicht haben? Die Wachen sind dann immer noch nicht ausgeschaltet", begann Leo vor sich hin zu sprechen, „könntest du da weiterhelfen, Prello, indem du dich zuerst rüber teleportierst?"

„Das müsste gehen. Da drüben kenne ich einen Felsvorsprung, hinter dem ich mich verstecken kann."

„Das nützt aber nicht viel, denn ich kann „meine falschen Brüder" nicht alleine gefangen nehmen. Sie dagegen können mich wegwünschen. Ich muss sie weglocken, ohne dass sie Verdacht schöpfen."

Es genügte schon allein der Wunsch Prellos, sich auf der anderen Seite wiederzufinden und schon stand er dort. Niemand war zu hören oder zu sehen. Hatten sie hier überhaupt Wachen aufgestellt oder genügte ihnen vielleicht schon eine raffinierte Falle? Prello lugte vorsichtig um den Fels. Am Eingang selbst war nichts zu erkennen. Einige Meter weiter innen, bereits im Schatten des Ganges und deshalb von außen nicht zu sehen, befand sich eine schwere Holztür mit Eisenbeschlägen. War sie echt oder nur eine Illusion, um jeden sofort zu entlarven, wenn er sie zu öffnen versuchte. Einem Steinchen, das er an die Türe warf, hielt sie stand, also war das Holz echt und mühevoll hergestellt worden. „Türen müssen sich ihrer Funktion entsprechend benützen lassen, sonst taugen sie nicht als Türen und man könnte genauso gut diesen Eingang einfach mit Felsbrocken verschließen. Wie bringe ich nun meine Gegner dazu, sie zu öffnen?"

Prello noch tief mit Nachdenken beschäftigt, bemerkte nicht, dass sich hinter ihm ein kleiner Spalt öffnete. Ein Arm mit einem Netz erschien und schon zappelte Prello in diesem Netz, das schnell wieder durch den Spalt gezogen wurde. Der Spalt verschloss sich und ....

Anika unterdrückte einen leisen Schrei des Erstaunens. Trotzdem wurde Leo aufmerksam und fragte sie: „Ist etwas passiert?"

„Ja, Prello wurde überrumpelt. Sie haben ihn mit einem Netz gefangen und ihn ins Innere des Berges gebracht, von wo er nicht weg kann."

„Oh je, was machen wir jetzt? Unsere Mission ist schon in der Anfangsphase gescheitert und wer weiß, vielleicht haben sie Prello auch schon weg gewünscht." Leo klang völlig verzweifelt. Anika sah es aber nicht nur negativ.

„Wir sollten gleich handeln, solange sie sich noch mit Prello beschäftigt sind, ist ihre Aufmerksamkeit auf ihn gerichtet." Leo hatte sofort begriffen. Sie hingen sich ihre Taschen um, liefen hinter den Felsen flussaufwärts bis zu einer Stelle, wo sich reichlich angeschwemmte Holz befand. Puh, war das Wasser kalt, trotzdem mussten sie schnell handeln. Sie klammerten sich beide an ein großes Stück Holz, stießen sich vom Ufer ab und ließen sich vom Wasser mittreiben, wobei sie immer mehr versuchten ihr natürliches Floß auf das Ufer der anderen Seite zu lenken. Genau unter dem Höhleneingang zogen sie sich an Land. Ohne lange zu überlegen, oder gar Schamgefühle zu empfinden, zogen sie ihre nassen Kleider aus, legten sie in die Sonne und umgaben sich mit ihren unsichtbar machenden Umhängen. Weich, warm und kuschlig fühlten sie sich an und Leo bedankte sich gedanklich bei Twinn, der sie so perfekt gewoben hatte. Anika und Leo drückten sich gegenseitig wärmend an den Fels.

Prello, wo war Prello, sie mussten ihn befreien. Niemand hatte sie bemerkt. Anikas Wunschgedanke ging auf. Glücklicherweise befand sich über ihnen ein kleiner Überhang, der sie zusätzlich vor den Augen der Beobachter schützte.

„Ein kleines aber wichtiges Stück Weg haben wir geschafft, was jetzt?" fragte sich Leo.

„Ausruhen und warten, bis unsere Kleider trocken sind. Der Sonne, die sich schon auf das Abtauchen hinter den Bergen freute, gelang es mit Müh und Not die Kleider einigermaßen zu trocknen, so dass sie die beiden Erdenkinder wieder anziehen konnten. Dieses Mal konnte es sich Leo nicht verkneifen, Anika kurz anzublicken. Sie stand gegen die orangenen Sonnenstrahlen und er sah nur ihre Silhouette, aber das genügte um einen angenehmen Schauer in seinem Körper frei zu setzen. Schnell schaute er weg und als sie sich umdrehte war er bereits vertieft, seine Schnürsenkel fest zu zurren.

Plötzlich klatschte etwas ins Wasser. Ein ausgebreitetes Netz verschwand im Wasser.

"Sie haben uns gesehen!" stieß Leo hervor.

"Nein, ich glaube sie fangen ihr Abendbrot", antwortete Anika leise. Tatsächlich schon nach kurzer Zeit zog das Seil nach oben und im Netz zappelten einige Fische.

"Essen sie Fische?"

"Ich weiß nicht, dann wären es ja keine richtigen Zwerge", meint Anika. Wenig später klärte sich ihre Frage, als das Wasser wieder vor ihnen aufspritzte und die Fische zappelnd im Wasser verschwanden. Sie lebten noch, nur mit etwas weniger Energie ausgestattet.

"Eigentlich ein angenehmer Gedanke, dass in dieser Welt kein Lebewesen umgebracht werden muss, um sich selbst am Leben zu erhalten. Jeder hilft jedem über Energieaustausch."

"Ja", führte Anika Leos Gedanken fort, "dadurch ersparen sie sich viel Leid. Ich glaube wir sollten auch unseren eigenen Energiehaushalt nicht vernachlässigen." Sie öffneten ihre Taschen und entnahmen die Fladen, die jetzt zusätzlich mit Wasser durchtränkt, beinahe zu Brei geworden waren. Die einzige materielle Nahrung, die sie hier wirklich essen durften. Sie genossen es und tranken Wasser dazu.

„Leo, ich habe keine Idee, wie wir Prello helfen könnten", flüsterte Anika, „wer weiß", was die da oben für Fallen aufgebaut haben, wenn sogar Prello unser erfahrenster Zwerg reingefallen ist."

„Sobald es einigermaßen dunkel ist, klettere ich alleine nach oben und schaue nach. Prello muss hinter dem Felsen, einen Kontakt ausgelöst haben. Vielleicht war es nur ein Kontakt, der die Felsentür öffnete und sie haben ihn nur deshalb entdeckt?" antwortete Anika.

„Hoffentlich hast du recht. Ich werde ganz vorsichtig den Boden absuchen." „Sei bitte achtsam, wenn auch du noch verschwindest, bin ich so gut wie verloren."

„Ich passe auf, das verspreche ich dir, wir müssen zusammen bleiben. Im Ernstfall müsstest du dich natürlich alleine zu den Lichtzwergen durchschlagen oder versuchen Flucks zu rufen."

„Soweit möchte ich gar nicht erst denken, wenn du oben den Boden inspizierst, vergiss deinen Lichtstein nicht mit einzusetzen." Leonard holte ihn schnellstens aus seiner Umhängetasche und steckte ihn in die Hosentasche.

„Danke", sagte er zu einem unsichtbaren Freund, „den hätte ich beinahe vergessen." Es war für ihn nicht schwierig eine Stelle zu finden, an der er hochklettern konnte.

Vorsichtig schaute er über den Rand auf den Platz, auf dem er selbst schon gestanden hatte und von wo aus er mit Enric und den anderen Zwergen ins Wasser gesprungen war. Es war niemand zu sehen. Mit dem Lichtstein leuchtete er Stück für Stück den Boden ab. Alles sah völlig normal aus, bis er hinter den Felsen auf den Boden schaute, auf dem Prello gelandet war. Täuschte er sich? Oder hob sich in der Mitte ein Stück Boden besonders ab. Der Lichtstein brachte Klarheit. Er entdeckte ganz einen schwachen, runden Schatten. Diese Platte war nicht echt. Bei der leisesten Berührung öffnete sich vermutlich die Felsentüre und verriet die Anwesenheit eines ungebetenen Gastes. Leo schritt um den flachen Stein, ging zum Fels, wo er die Türe vermutete und lauschte. Aus einem haarfeinen Spalt vernahm er Geräusche und als er sein Ohr darauf drückte, hörte er sogar Stimmen.

„Ich frage dich jetzt zum letzten Mal, was willst du hier ausspionieren? Glaubst du etwa, wir wüssten nichts von diesem Gang und hätten dich hier herumspazieren lassen? Wie dumm seid ihr Lichtzwerge eigentlich?" Prello antwortete mit einer harmlosen Miene, er sei länger unterwegs gewesen und hätte hier nur einen Zwischenstopp einlegen wollen.

„Das kannst du deiner Großmutter erzählen, wenn du uns nicht die Wahrheit sagst, bleibst du bis in alle

Ewigkeit in dem Netz gefangen. Außerdem erwarten wir von dir, dass du uns das Geheimnis über die Lichtsteine erzählst. Wir wollen wissen, wo das Versteck ist und wie wir hinfinden." Wieder Schweigen. „Dein Schweigen nützt dir gar nichts, irgendwann wird dein Hunger so groß sein, dann redest du wie ein Buch. Also bis dann, wir machen es uns derweil gemütlich." Zwei oder drei andere Zwerge lachten und riefen: „Komm Raffaelo, wir trinken von dem Guten, morgen machen wir Meldung."

„Das ist typisch für diese Art von Zwergen, lustig, lustig, trallalala", dachte Leo. Die Stimmen entfernten sich und wurden immer leiser. „Das ist der Moment, ich muss es wagen, jetzt oder nie." Vorsichtig drückte er auf die Platte und tatsächlich die Türe öffnete sich. Leo handelte wie ein Automat. Er glitt durch den freiwerdenden Spalt, sah Prello in einem Fischernetz hilflos von der Decke hängen, suchte sich einen Stein mit einer scharfen Kante, gab ebenfalls Prello einen und beide säbelten damit so viele Schlingen durch bis Prello durchschlüpfen konnte. Niemand sprach auch nur ein Wort. Leise glitten sie wieder durch den Spalt. Prello als letzter, denn er wusste den Schließmechanismus von innen zu betätigen.

„Folge mir", riet ihm Leo und beide stiegen schnell zu Anika hinab.

Das war eine Freude. Anika umarmte und herzte Prello, bis dieser puterrot im Gesicht anlief. Dann aber rief er zur Achtsamkeit auf und wollte sofort beraten, wie es weitergehen sollte.

„Die Wächter werden es nicht glauben können und alles absuchen. Sie werden bestimmt anhand der durchschnittenen Schlingen herausfinden, dass ich befreit wurde. Also weg von hier, so schnell wie möglich."

„Wohin", fragte Anika.

„Ich habe keine Ahnung", sagte Leo.

„Wir müssen den Berg hochklettern, das werden sie nicht vermuten und wir versuchen von oben her einen Durchgang nach unten zu finden. Ich weiß von einem Spalt, der Frischluft in unseren alten Höhlengang führt, den müssen wir finden." „Wahrscheinlich denken sie, dass ich von meinen Brüdern gerettet worden bin, sie wissen ja nichts von euch Erdenmenschen. Um sich keine Strafe einzuholen, werden sie so tun, als wäre nichts passiert und meine Gefangennahme so schnell wie möglich vergessen."

Die Begegnung mit Xeros

Kaum hatte Prello ausgeredet, machten sie sich auch schon auf den Weg. Anika, inzwischen eine ganz passable Kletterin, folgte Prello als zweite. Sie durfte in der Mitte klettern, für alle Fälle. Ohne Lichtsteine, wäre es unmöglich gewesen einen Weg über die Felsen zu finden, mit ihnen aber, die sie an einem Band um ihren Kopf befestigt hatten, wurde jede kleinste Unebenheit im Gestein beleuchtet, die als Halt dienen konnte. Obwohl Prello fast senkrecht nach oben einen Weg suchte, kamen sie recht schnell voran. Die Dunkelheit um sie herum, schützte Anika vor aufkommenden Ängsten. Nur einmal glaubte sie, dass sie nicht genügend Halt unter ihren Füßen hätte, Leo jedoch konnte mit einer Hand ihrem Bein Widerstand geben, um diese Stelle zu meistern.

„Ich bin auf dem ersten Felsenband", rief Prello nach unten, „gib mir deine Hand, Anika." Gemeinsam, Prello zog von oben und Leo schob von unten, schafften sie es, die inzwischen schwer schnaufende Anika aufs Band zu befördern.

„Ich kann nicht mehr, meine Arme und Finger tun weh."

„Das vergeht gleich wieder, antwortete Prello, wir ruhen kurz aus, dann folgen wir dem schrägen Riss. Ich denke, der führt uns zur besagten Stelle. Von dort aus sehen wir weiter."

Sie genehmigten sich nur eine kurze Pause, obwohl die Wächter vermutlich erst am nächsten Morgen Prellos Flucht bemerken würden.

Diesen schrägen Riss hochzuklettern war wesentlich leichter besonders für Anika, sie entwickelte eine regelrechte Euphorie und wollte sogar an Prello vorbei.

„Nicht so hastig, der Fels verbirgt einige Überraschungen, auf die man vorbereitet sein muss", ermahnte sie Prello. Trotz dieser relativ leichten Kletterei, schwitzten alle drei so sehr, dass sie sich nach Wasser sehnten.

Plötzlich änderte der Riss seine Richtung und lief nach innen. Ein kühler Luftzug, der sie streifte brachte die Drei zum Frösteln.

„Ich denke, wir sind richtig", meinte Prello, „zumindest führt dieser Spalt in eine Höhle. Man merkt es an der kühlen Luft." Prello behielt recht. Vorbei an scharfen Kanten, plötzlichen Abbrüchen und wieder kleineren Aufstiegen, arbeiteten sie sich immer weiter in das Innere des Berges vor. Inzwischen wussten sie nicht mehr, ob es bereits wieder Tag war oder immer noch Nacht. Ihre Lichtsteine ersetzten die Sonne. Sie strahlten so hell, dass sie alles überblicken konnten. Dann stoppte Prello: „Hört ihr auch das Plätschern? Wie das eines kleinen Wasserfalles." Anika atmete auf und Leo stieß einen leichten Freudenschrei aus.

Nach einer weiteren Ecke standen sie einem Höhlenbach gegenüber, der vermutlich in den Fluss außerhalb mündete. Er fiel aus etwa drei Metern Höhe in ein Felsbecken, das er sich selbst erschaffen hatte. Schon lagen alle drei am Rand der Mulde, erfrischten sich und tranken das köstliche Nass.

„Meinen Kräften nach zu urteilen, wird jetzt etwa Mittagszeit sein. Wir pausieren hier und nehmen Wasser und Nahrungselixiere zu uns, bis wir wieder bei Kräften sind." Leo und Anika hielten ihre Hände über das Obst, entzogen ihm die Energie und aßen es dann anschließend auf.

„Ihr seid halt immer noch Erdbarbaren", lachte Prello, nahm sich selbst eine reife Frucht des Zwedernbaumes, entzog ihr die Essenz und warf den Rest weg. Wehmütig schauten Leonard und Anika der Frucht nach, wie sie im Wasser versank.

„Diese Frucht kann sich nicht mehr aufladen, sie bricht ihre Verbindung in dem Augenblick zum Baum, sobald sie reif geworden ist. Macht euch also keine Gedanken, sie wird sich im Wasser ziemlich rasch und vollkommen auflösen. Eure Gedanken kreisen immer noch sehr stark um den Körper der Frucht, das einzig wertvolle an ihr ist und bleibt ihre Essenz."

„Ja, ja, das wissen wir aber wir sind halt immer noch Menschen", meinte Leo etwas betrübt.

Als sie fertig gespeist hatten, schauten sie sich in der Höhle um.

„Irgendwo sollte hier ein Ausgang sein, der uns zum Lichtsteinbruch führt", vermutete Prello, „lauft ihr links und ich rechts an der Höhlenwand entlang und schaut nach den kleinsten Rissen, die eventuell in ein Höhlengangsystem führen könnten." Bald trafen sie sich wieder ohne jedoch etwas entdeckt zu haben.

„Hier gibt es keinen Ausgang", hörten sie plötzlich eine Stimme.

Erschrocken führen sie in die Richtung herum, aus der die Stimme gekommen war. Am Seeufer saß ein kleines, weißes Etwas.

„Habt keine Angst und kommt ruhig etwas näher, ich tu euch nichts. „Ich wollte es mir gerade gemütlich machen und mich in der Höhle ausstrecken, da sah ich dich Prello, Leo und Anika."

„Wer bist du? Und woher kennst du unsere Namen?" fragte Anika.

„Das ist eine unglaubliche Geschichte, deshalb erzähle ich sie euch später. Man nennt mich Xeros, ich bin ein Drache und behüte diesen See und den See auf der anderen Seite." Prello unterbrach ihn:

„Sag mir zuerst wie ein Drache in dieses Wasser kommt? Normalerweise hassen Drachen doch das Wasser, sie lieben doch das Feuer?"

„Vor langer Zeit", begann Xeros, „hatte sich einer meiner Vorfahren entschieden, das Wasser als sein Lebenselement zu wählen. Er wusste, dass er sich nur auf diese Weise innerlich weiterentwickeln konnte. Hier in diesem See entdeckte er eine Verbindung zu einer anderen Welt, die er im Laufe der Jahre immer öfter besuchte. Es ist eine Welt der Transparenz und Helligkeit. Die Wesen, die dort leben sind sehr weise. Es herrscht keine Feindschaft, sondern fast ausschließlich Liebe. Mein Vorfahre gab dieses Geheimnis von Generation zu Generation weiter, aber nur ein Drache wurde immer auserwählt, um mit dieser Welt Kontakt aufnehmen zu können. Die anderen Drachen lebten normal weiter, sie hüteten und beschützten diesen Auserwählten. Inzwischen sind aber alle gestorben und ich bin der einzige der übrig geblieben ist. ich bin jetzt schon sehr alt, viel älter, als Zwerge werden können. Ich bin sozusagen der letzte Wächter dieser Lichtwelt. Will diese Welt jemand besuchen, so muss er bei mir vorbeikommen und ich entscheide, ob er sie betreten darf nicht.

„Wie konntest du wissen, dass wir in diese Höhle kommen", hätte man Prello nicht gefangen, wären wir jetzt doch auf einem ganz anderen Weg", unterbrach ihn Leo.

„Das hätte keine Rolle gespielt, ihr wäret auf jeden Fall bei mir vorbeigekommen. Ich habe zu allen Seen Verbindung und der Weg führt nur durch das Wasser."

„Wir hätten versucht am Lichtsteinbruch hindurch zu schlüpfen."

„Ich weiß, aber das wäre euch nicht wirklich gelungen. Nicht auf dem Hinweg. Wenn ihr zurück kommt, dann ist dies hier der richtige Weg."

„Woher weißt du überhaupt, dass wir in die Lichtwelt wollen?" fragte Anika.

„Mein Aussehen täuscht. Ich bin zwar fast weiß, ebenso meine Augen, das heißt aber nicht gleichzei-

80

tig, dass ich auch blind und dumm bin. Ich sehe und spüre viel weiter als nur bis zum Ende der Höhle. Übrigens, euren lieben Reisegefährten Prello, könnt ihr nicht mitnehmen, er würde in der anderen Welt nicht überleben, er würde sich auflösen."

„Unser Oberhaupt sagte etwas Derartiges", murmelte Prello.

„Soll er hier in der Höhle auf uns warten?" fragte Leo weiter.

„Nein, ihr nehmt ja den anderen Rückweg, er soll zunächst wieder nach Hause gehen. Die Reise dauert etwas länger. Ich sage ihm dann gedanklich wenn es so weit ist, vorausgesetzt, dass ihr es schafft, Enric und Oman zurück zu holen. Es wird alles nicht so einfach werden. Enric und Oman werden sehr geschwächt sein." Prello etwas traurig meinte:

„Dann kann ich mich ja jetzt verabschieden und Ahnon berichten?" „Ja, das kannst du tun, wir werden es schon zusammen schaffen." Leon und Anika sahen sich völlig verstört an und Leo stotterte:

„Wir können doch unter Wasser nicht atmen, wie stellst du dir das vor?" Xeros lachte, „natürlich nicht, wartet einen Augenblick."

Es verging nur kurze Zeit, da sahen sie Xeros helle Farbe unter der Wasseroberfläche schimmern. Seine Länge war nicht so beeindruckend, wie bei normalen Flugdrachen, eher zierlich, wenn man sich bei Drachen überhaupt so äußern durfte. Es jagte einem nicht sofort Furcht ein, wenn man ihn sah, nur seine

Farbe, sie verursachte ein unangenehmes Gefühl. Irgendwie wurde man sich sofort klar, dass dieses Wesen etwas Besonders war.

Xeros tauchte auf und hielt einen großen Topf in seiner Pranke. Nein es war kein Topf. Bei genauerem Hinschauen entpuppte sich dieser Topf als eine riesige Muschelschale.

„Da staunt ihr, dass es so etwas in diesem See gibt. Aber diese Muschel stammt nicht wirklich von hier, sondern von der anderen Welt. Ihr erkennt es an der Farbe."

„Und was sollen wir damit?" fragte Anika.

„Na, das kannst du dir doch denken, ihr legt die Schale über euren Kopf und dann könnt ihr unter Wasser so lange atmen, bis wir in einem anderen See sind, verstehst du?"

„Ach, und das geht so einfach?" Leo lachte.

„Natürlich hast du noch nie von einer Luftblase gehört, in der Menschen überlebt haben, zum Beispiel bei einem Unglück in einem Bergwerk."

„Ich weiß", antwortete Anika „aber diese kleine Luftblase, ich hoffe sie reicht".

„Ihr braucht nichts zu befürchten, wir sind nicht lange unter Wasser. Wir tauchen immer wieder auf.

„Wie meinst du das, wir tauchen immer wieder auf? Soll das heißen wir gehen unter Wasser auf Reisen?"

„So kann man es auch ausdrücken", zischelte Xeros lächelnd. „Auf jeden Fall begegnet ihr auf diese Weise nicht euren Gegnern."

Prello verabschiedete sich, er hatte genug gehört, um Ahnon einen entsprechenden Bericht abzuliefern. Anika und Leo stiegen in das eiskalte Wasser. Ihre Umhänge und Taschen balancierten sie auf dem Kopf, damit sie trocken blieben.

„Haltet euch am Rand der Muschel fest. Ich setze mich auf die Schale, damit sie überhaupt untergehen kann und übernehme das Steuern. Ihr braucht euch keine Gedanken zu machen." Mit diesen Worten tauchten sie unter, Xeros obenauf. Er steuerte mit seiner Schwanzflosse das merkwürdige Floß, wie ein sich schlängelnder Aal. Immer tiefer ging es nach unten. Anika und Leo hätten schon lange nichts mehr gesehen, wenn ihre Lichtsteine nicht für eine ausreichende Helligkeit gesorgt hätten. Sie sahen schon von weitem den Höhlengang, der in einen anderen See führte.

„Ich würde gerne wissen, an welcher Stelle wir uns im Augenblick in diesem Berg befinden und an welchem Punkt wir in die neue Welt eintreten?" flüsterte Leo.

„Ich auch, besonders würde mich interessieren, wie oft wir tauchen müssen, denn ich habe schon ein bisschen Angst."

Kaum hatte sie ausgesprochen, als beide den Auftrieb der Muschel spürten und bald darauf lugten ihre Köpfe unter der Schale hervor.

„Schaut euch kurz um und tankt Luft, dann geht es weiter." Diese Höhle hatte zu große Ausmaße, um sie ausleuchten zu können, deshalb hielten sie sich wieder unter der Muschel fest und Leo gab das Kommando: „Wir sind fertig."

„Dann wollen wir, atmet langsam, dieses Mal ist der Weg zur nächsten Höhle länger." Schon spürten sie, wie sie Xeros weiter beförderte.

Mit Hilfe ihre Lichtsteine erkannten sie die Wandung des schmalen Ganges, durch den sie der Drache schob. Überall hingen weiße wurmartige Gebilde an den Wänden, die sich wie Haare im Wasser hin und her bewegten.

„Hier überlappt die andere Welt, die Welt der Zwerge. Habt keine Angst, nichts wird mehr so sein, wie ihr es kennt. Vor allen Dingen wird es immer heller werden. Ich hoffe ihr habt Brillen bei euch, um eure Augen zu schützen."

„Ja das haben wir, sollen wir sie schon aufsetzten?"

„Nein, wartet, ich gebe euch Bescheid, wenn es so weit ist, gleich sind wir in der nächsten Höhle. Ihr werdet glauben, dass die Sonne hereinfällt, das ist aber bei weitem nicht so." Xeros hatte sich der gedanklichen Sprache bedient.

Sie hatten das Gefühl, als ginge es wieder nach oben und tatsächlich die Dunkelheit um sie herum verschwand. Das Wasser ähnelte der Struktur eines hellen Kristalles. Alles um sie herum glitzerte in vielen Spektralfarben, als sie durch die Oberfläche in ein großes Becken stießen. Ihr Bewusstsein klärte sich und ihr Gefühl änderte sich spontan von vorsichtig, ängstlich, erwartend, in ein positiv, freudiges Empfinden.

„Jetzt", entschied Xeros, „setzt jetzt die Brillen auf und schaut, dass sie absolut an den Seitenrändern dicht sitzen. Jeder Lichtstrahl könnte euch blenden und das Augenlicht für lange Zeit schädigen." Wie Urtiere mit seltenen Froschaugen stiegen sie aus dem Wasser. Trotz ihren dunklen Brillen erkannten sie um sich herum alles ganz genau. Die Struktur der Steine veränderte sich andauernd. Ihre Spitzen, Ecken und Kanten wurden wellig, weich und bewegten sich wie Stoffbänder im Wind nur viel langsamer. Sie verbanden sich mit dem Boden. Langsam breitete sich eine gleisende Ebene vor ihnen aus. Es war keine Sonne zu sehen, nur ganz in der Ferne einige glitzernde Gebilde, wie Oasen in einer von Hitze durchströmten Wüste.

„Ich muss euch nun verlassen. Den Weg müsst ihr selbst finden, denn ich weiß nicht, wo sich eure Freunde befinden. Dort bei den Erhebungen trefft ihr auf Wesen, die euch weiterhelfen werden. Niemand wird euch böse gesinnt sein, also habt keine Angst. Auch müsst ihr euch nicht ernähren. Ab jetzt ernährt euch diese Welt automatisch von allein. Viel Glück."

Anika und Leo wollten sich noch bedanken und hatten noch jede Menge an Fragen. Xeros aber verschwand schlagartig zwischen diesen schwankenden Linien.

„Also marschieren wir los", sagte Anika „und schauen wir, was diese Fata Morgana an Neuem bringt."

„Wir haben keine Ahnung wie groß diese Welt ist und ob wir Enric und Oman jemals finden werden. Auch wissen wir nicht, ob wir wieder zurück finden. Ich glaube wir sind da ein ganz schönes Risiko eingegangen, wenn das unsere Eltern wüssten, würden sie vor Angst sterben", meinte Leonard während sie losliefen. „Wie fühlst du dich eigentlich?" fragte Anika.

„Ich fühle mich luftig, leicht, wie von Licht und Farben durchflutet."

„Ja, so ähnlich empfinde auch ich. Meine Füße fühlen sich an, als ob sie über dem Boden schweben würden. Jeder Schritt ganz weich und elastisch."

„Was für Wesen hier wohl leben? Glaubst du die sind weiter entwickelt als wir, Leo?"

„Ich denke, dass sie im Gegensatz zu uns viel weiter entwickelt sind."

Die Helligkeit nahm langsam ab, anscheinend wurde es Abend aber den Erhebungen hatten sie sich noch nicht besonders genähert. „Wir müssen lernen dass das, was wir in der Ferne sehen und erreichen wollen, zeitlich anders einzuschätzen ist oder dass es vielleicht tatsächlich eine Fata Morgana ist, bloß auf eine andere merkwürdigere Art." Während Leo sprach, drehte er sich um seine eigene Achse und tatsächlich sah er genau hinter sich, aus der Richtung, aus der sie kamen, das Spiegelbild dieser Erhebungen vor ihnen. „Und was machen wir jetzt? Wo sollen wir hin? Nach vorne weiter gehen oder umdrehen? Unsere Intelligenz ist gefragt, sofern wir dieses Problem überhaupt lösen können."

„Ich weiß nicht warum, ich muss fortwährend an einen Regenbogen denken. Wenn man auf ihn zugeht verschwindet er. Sind die Ursachen seines Entstehens nicht Lichtbrechungen in den Wolken? Vielleicht ist es hier ähnlich. Vielleicht sollten wir...." Als beide nach oben schauten erkannten sie tatsächlich flimmernde wolkenähnliche Gebilde.

„Kann es sein, dass alles, was wir sehen wollen tatsächlich auch sichtbar wird? Dass unsere Gedanken sofort in die Tat umgesetzt werden?" fragte Leo.

„Sieht fast so aus, aber welche Erscheinung ist jetzt real?" hakte Anika nach.

„Wenn alles nur eine Illusion ist, wie sollen wir dann unsere zwei Zwergenoberhäupter wiederfinden?" antwortete Leo.

„Am besten, wir machen einen Test. Xeros hat uns ja schon gesagt, dass in dieser Welt alles anders sei, als wir denken. Das heißt, wir müssen völlig neu denken lernen, aber um neue Denkweisen zu erschaffen, müssen wir über diese Welt zuerst etwas besser Bescheid wissen, über ihre Gesetzmäßigkeiten zum Beispiel: Warum ist hier alles so hell ohne Sonne und warum fühlen wir diese Leichtigkeit beim Gehen oder warum sehen wir etwas, was wir gerade sehen wollen, können es aber nur sehr schwer erreichen? Das einzige, was nicht nur real erscheint, sondern auch wirklich ist, das bist du und bin ich, wenn wir uns anlangen dann...."Leo fasste nach Anikas Arm, „dann fühle ich deinen Körper viel weicher, ja, er fühlt sich viel, viel weicher an beinahe fast wie Watte. Hat sich unser Körper mit verändert? Oder ist auch das nur eine Illusion?" Anika antwortete:

„Ich weiß nicht, ob wir durch solche Fragestellungen viel weiter kommen. Wir wissen einfach zu wenig über diese Welt aber vielleicht können wir Vorgänge, wie sie hier passieren aus unserer Welt ableiten, vielleicht sind sie ähnlich, müssen aber anders interpretiert werden und sind in Wirklichkeit gar nicht so unterschiedlich."

„Wie meinst du das?" Wollte Leo wissen.

„Wir Menschen auf der Erde haben zum Beispiel Tag für Tag viele Wünsche, die in unserem Kopf entstehen und meistens verschwinden sie dort auch wieder. Große, starke Wünsche gehen, wenn wir fest und immer wieder an sie glauben, irgendwann in der Zukunft in Erfüllung. Hier in dieser Lichtwelt, sehen wir die Erfüllung unserer Wünsche, können sie aber aus irgendwelchen Gründen nur sehr schwer erreichen, ähnlich wie jene Wünsche die auf der Erde in unserem Kopf entstehen. Kann es also sein, dass alles davon abhängt, wie stark wir uns etwas wünschen?"

„Du hast recht, deine Gedanken könnten uns weiter helfen. Xeros sagte uns, wir sollten zu den Erhebungen laufen und wir sahen diese aber ohne sie uns wirklich vorzustellen beziehungsweise ohne sie uns selbst intensiv zu wünschen. Unser Glaube an die

Existenz dieser Berge war also zu schwach. Ich schlage vor, wir beide nehmen uns jetzt, damit wir uns nicht verlieren, an der Hand und wünschen uns, dass wir diesen Erhebungen bald begegnen."

„Ok", erwiderte Anika, „aber was ist bald? Zeit scheint es hier nicht zu geben oder weißt du genau wie lange wir bereits in dieser Welt verweilen? Eine Stunde, einen Tag? Ich weiß es nicht, mir kommt es so vor, als sei unsere Ankunft erst vor kurzem passiert."

„Auch das stimmt", antwortete Leo. „Wir müssen uns also auch noch eine bestimmte Zeitspanne vorstellen, die wir benötigen möchten, um dieses bergige Gelände zu erreichen."

Die Lichtstadt taucht auf

Sie gaben sich die Hand und konzentrierten sich darauf, in den nächsten zehn Minuten, ihrem Zeitgefühl nach, vor dieser besonderen Stelle zu stehen, dann liefen sie los. Sie liefen und liefen. Es wurde heller, dann ganz hell, wieder dunkler und wieder heller. Das Gelände kam zwar näher aber die zehn Minuten hier in dieser Welt schienen doch weit länger als auf der Erde. Erst als sie sich noch einmal von Neuem entschlossen, in einer Sekunde dort sein, benötigten sie nur noch eine Dämmerung, bis sie die Erhebungen erreicht hatten. Sie entpuppten sich als halbkugelförmige Hütten.

„Endlich", sagte Leo. „Ist hier jemand?" rief er.

„Du darfst nicht fragen", meinte Anika, „du musst wissen, dass hier jemand wohnt und dass dieser Jemand jetzt auch zur Begrüßung erscheint."

Kaum hatte Anika ausgesprochen, erschien auch sofort ein helles, weiß gekleidetes Wesen und kam auf sie zu.

„Ich weiß, wer ihr seid, ich begrüße und gratuliere euch, dass ihr es geschafft habt hierher zu kommen. Ich glaube Ahnon hat recht getan mit seiner Wahl, euch her zu schicken. Ihr müsst selbst herausfinden, wie man sich auf unserer Welt vorwärts bewegt."

„Xenos riet uns dich zu fragen, wie wir am besten unseren Freunden helfen könnten", antwortete Leo.

„Soviel darf ich euch gar nicht verraten, denn wie gesagt ist es eure Aufgabe. Für uns ist es nämlich völlig in Ordnung, dass die zwei hier sind. Kommen Veränderungen von außen, benötigen diese auch eine besondere Aktivität. Ich kann euch nur so viel mitteilen, dass es den beiden gut geht und dass sie es sich vielleicht bereits anders überlegt haben und eventuell hier bleiben wollen. Aus dieser Welt in die eure zu gehen, ist fast unmöglich und hat man sich erst hier zurechtgefunden, dann wird der Drang zurückzukehren zu wollen immer geringer. Also macht euch auf einiges gefasst."

Mit allem hatten Leo und Anika gerechnet aber damit, dass ihre zwei Freunde vielleicht gar nicht mehr mit zurück wollten, daran dachte niemand.

„Aber wo halten sie sich denn auf", fragte Leo verzweifelt, „In dieser Welt gibt es ja nur Licht und diese paar Hütten, wie sollen wir sie denn finden?" Das helle Wesen lachte:

„Ach ja, ihr seht ja nur das Licht, ich würde euch raten, ruht euch einige Zeit bei uns aus, dann werdet ihr mehr sehen." Leo und Anika sahen sich fragend an. „Geht dort in die etwas größere Hütte und ruht euch aus, ich besuche euch dann wieder, wenn ihr es wünscht." Damit verschwand das Wesen und die beiden Erdenkinder standen allein.

„Er hat bestimmt recht, wir ruhen uns zuerst aus, bevor wir weitere Schritte unternehmen. Wahrscheinlich müssen sich unsere Körper zuerst an diese neue Welt gewöhnen." Plötzlich wurden beide sehr müde und gingen in die besagte Hütte. Sie legten sich auf den nackten Boden und schliefen trotzdem schnell ein.

Als sie aufwachten, schien es hell zum Eingang herein. Vor ihrer Türe sahen sie leichte Schatten vorbeihuschen und als sie ihre Köpfe durch die Öffnung stecken, waren sie sprachlos. Überall, um sie herum standen Gebäude in den schönsten Farben. Große Paläste, bizarre, wunderschön geformte Gebilde, Bäume, so hoch, dass man ihr Ende nur erahnen konnte, Alleen, herrlich weite Plätze, über die viele Wesen strömten oder auch nur in Gruppen beieinander standen und sich unterhielten. Alles, was sie als Gegenstände oder als Wesen sahen, besaß eine eigene Farbigkeit, die weitaus breiter gefächert schienen als alle bekannten Spektralfarben ihrer Erde. Diese Farbigkeit unterschied diese Wesen von einander. Manche strahlten mehr ins Rot gehende Farben ab und andere wiederum mehr grünlich violette oder bläuliche Farben. In einer Gruppe standen mehrere vielfarbige Wesen um ein braunes Wesen herum und diskutierten mit diesem.

"Ich glaube die Farben sagen etwas über die Bewusstheit eines Wesens aus. Je heller, transparenter und vielfältiger, desto weiter entwickelt wird es sein."

„Das macht Sinn", erwiderte Anika. Aber diese Stadt, wo kommt sie auf einmal her? Gestern war hier nichts zu sehen, außer ein paar Hütten und wo steckt dieses Wesen, das uns empfangen hat?"

„Ihr habt mich gerufen? Kann ich euch helfen?"

„Ja, kannst du uns erklären, wie diese Stadt plötzlich hier her kommt?" fragte Leo.

„Euer Körper hat sich auf unsere Welt eingeschwungen, das ist alles. Habt ihr noch weitere Fragen?"

„Eigentlich wollen wir unsere Freunde finden, wir wissen aber nicht, wo wir sie suchen sollen. Diese Welt ist so neu für uns. Wo fangen wir mit suchen an?" wollte Annika wissen.

„Da muss ich euch leider enttäuschen, nur wenn ihr selbst den Weg findet, wird euer Vorhaben gelingen."

„Danke", erwiderte Leo, „dann müssen wir uns wohl anders behelfen."

Weg war es wieder, dieses Wesen. Plötzlich da, dann plötzlich wieder weg. Merkwürdig das alles, sehr merkwürdig. Sie hängten sich ihre Taschen um und streiften durch die Stadt, in der Hoffnung auf irgendetwas zu stoßen, was ihnen weiter helfen würde. Die vorbei ziehenden Wesen beachteten sie kaum, wahrscheinlich weil ihre eigene Farbigkeit sehr zu wünschen übrig ließ. Die Stadt aber beeindruckte sie immer mehr. Je weiter sie ins Innere eindrangen, umso deutlicher spürten sie ein Pulsieren.

„Spürst du das auch?" fragte Leonard.

„Dieses pulsierende Geräusch, meinst du das?" antwortete Anika.

„Ja, es wird immer lauter, je weiter wir ins Innere der Stadt kommen. Vielleicht ein gigantisches Kraftwerk oder was Ähnliches."

„Das glaube ich nicht, es kommt aus meiner Herzgegend und dort wird es auch ganz warm."

„Oh Anika, vielleicht befindet sich hier die Quelle der Liebe, wir müssen zurück, unser Herz hält das noch nicht aus, wir empfinden noch nicht so stark um diese feinen Schwingungen verarbeiten zu können." Schnell kehrten sie um, obwohl alles um sie herum geradezu zum Erforschen einlud.

Die Stadt rückte viel schneller aus ihrem Gesichtsfeld, als sie erwartet hatten und schon bald liefen sie wieder durch diese wüstenartige Einöde. Hunger verspürten sie in der Tat nicht, diese Welt versorgte alles und jeden auf eine geheimnisvolle Art.

„Und jetzt? Sind wir genau so weit wie vorher", bemerkte Leo.

„Obwohl ich nicht denke, ahne ich irgendwie, dass das Zusammentreffen in dieser Stadt mit diesem Wesen nicht ohne Grund erfolgte. Hier erfüllen sich Wünsche ziemlich schnell und wenn man Abstand von diesen Wünschen nimmt, verschwindet alles wieder", glaubte Anika zu wissen.

„Gut, wenn das stimmt was du sagst, machen wir einen weiteren Versuch. In dieser Welt scheint es ja alles zu geben, was du dir vorstellen kannst, nur ist für uns Menschen zunächst nichts sichtbar. Wir müssen es uns sichtbar wünschen, indem wir uns das vorstellen, was wir sehen wollen. Ich stelle mir zum Beispiel eine tolle, wilde Landschaft mit Bergen, einem Bach und Pflanzen vor, die uns beide umgibt", sagte Leo. Aber nichts passierte.

„Formuliere deinen Wunsch etwas anders, so wie das erste Mal. Du musst zum Beispiel sagen: „Ich weiß, dass es eine Landschaft gibt, die wild mit Pflanzen bewachsen ist, wo die Sonne am Himmel scheint und wo ein Bach den Berg hinab sprudelt, wir zwei werden jetzt von ihr umgeben sein." Aus Angst, nur sie könnte in diese, von ihr kreierte Landschaft tauchen, fasste sie Leo schell an der Hand und beide konnten beobachten, wie sich langsam eine Landschaft aus dem hellen Licht abzeichnete, die in etwa Anikas Wünschen entsprach. Wie durch einen Zoomer herangezogen und vergrößert, umschloss sie beide herrlichstes Schlaraffenland. Immer neue Details konnten sie erkennen, wussten aber nicht, dass sie auch diese Einzelheiten geschaffen hatten bzw. augenblicklich erschufen.

„Herrlich, einfach herrlich, lass uns hier ein wenig herumschlendern, das ist eine Landschaft ganz nach meinem Geschmack", meinte Anika.

„Und nach meinem erst." In sich und in die Landschaft verliebt, liefen sie Hand in Hand und bestaunten die sich dauernd verändernden Pflanzen mit den farbigsten, wundervollsten Blüten, die sie je gesehen hatten. „Und wie sie duften", rief Leo. Anika nickte nur, sie schienen auf einmal in einem Meer aus Duft zu schweben.

Sie glaubten nicht, dass sie selbst die Schöpfer von allem, was sie umgab, waren. Als sie sich hinlegten um sich auszuruhen und nach einiger Zeit wieder die Augen aufschlugen, war alles wieder verschwunden.

„Wir können unseren Traum, während wir schlafen nicht festhalten, vielleicht unterscheidet uns dies von diesen Lichtwesen hier", vermutete Leo. „Wir könnten uns doch eigentlich jemanden her wünschen, der uns Auskunft geben kann, wo sich Enric und Oman befinden", folgerte er.

„Dieses Lichtwesen behauptete aber, dass wir es selbst rausfinden müssen", konterte Anika. „Wahrscheinlich hängt es mit unserer groben Persönlichkeitsstruktur zusammen, dass es anders nicht klappt. Menschliche Wesen erhalten nicht dieselbe Hilfe, wie diese Lichtwesen untereinander von.... Ja von wem? Noch etwas, das wir nicht wissen. Also gut, dann stellen wir uns jetzt einfach vor, wo sich Enric und Oman aufhalten könnte", schloss Leonard.

„Und wie willst du dir das vorstellen? Du kennst doch die Gegend gar nicht." „Wie sollen wir es dann machen?" Langsam regten sich in Leonard Emotionen.

„Deine Farben ändern sich von einem helleren Ton in einen dunkleren", meinte Anika.

„Ich werde auch langsam wütend, ich habe das Gefühl, wir scheitern."

„Nur, wenn wir uns aufregen", konterte sie.

Leonard wurde ganz still. Seine Färbung bekam wieder die Tönung von zuvor, als er sich tiefsinnig äußerte:

„Und wenn wir uns nur die beiden vorstellen, was passiert dann?"

„Wir können es versuchen aber ob das funktioniert, ohne Landschaft?" meinte Anika. Sie setzten sich und stellten sich beide vor.

„Halt", schrie Leo, „wir müssen einen Treffpunkt ausmachen, falls wir beide uns verlieren."

„Puh, natürlich, das hätte schief gehen können."

„Wir nehmen die Hütte, in der wir uns als erstes ausruhten."

„In Ordnung, Anika." Wieder setzten sie sich hin und konzentrierten sich auf die Gesichter der beiden. Wie Geister sahen sie die Köpfe vor sich, ohne dass Oman und Enric sich darüber gefreut hätten,

„Ich glaube, das geht nicht, es ist nur unsere Vorstellung von dem, wie sie aussehen, die richtige Verbindung fehlt."

„Ja, da magst du recht haben", erwiderte Leo.

Erschöpft von ihrer aufgebrachten Willenskraft ließen sie sich auf den weichen Boden zurücksinken.

„Welche Eigenheiten hatten die beiden im Zwergenreich an sich? Was taten sie am liebsten?" fragte Anika.

„Ich weiß, dass sie sehr oft irgendwo, entweder an einem Bach oder auf einem Fels meditiert haben." antwortete Leo.

„Könnte uns das weiterhelfen?"

„Eher nicht. Wie wäre es eigentlich wenn wir ein Bild von uns, wie wir hier in dieser Landschaft sitzen, in die geistige Welt schicken würden, mit der Bitte um Rückmeldung?"

„Wow, Leonard, das könnte gehen, wenn sie zufällig an uns denken. Vielleicht können sie es auch wie einen Telefonanruf oder eine SMS bei uns zu Hause wahrnehmen. Pass auf, wir setzen uns gegenüber und du schickst ein Bild von mir mit dieser Umgebung und ich sende eines von dir, das müsste klappen."

Enric und Oman

Beide schauten sich und die Gegend genauestens an, um sich jede Einzelheit einzuprägen, dann schlossen sie ihre Augen und übergaben diese bildhaften Eindrücke dem Universum. Als sie ihre Augen wieder aufschlugen, saßen ihnen zwei helle Gestalten gegenüber, die sie anlächelten. Eine mit geschlossenen, die andere mit geöffneten Augen. Beide strahlten in den schönsten Farben. Omans Gestalt schien von einer gleißenden, goldenen Farbe überzogen, während die von Enric silbrig violett glänzte. Ihr ursprüngliches Aussehen war kaum noch zu erkennen. Alles an ihnen hatte sich verändert.

„Enric? Oman?", stieß Leo erregt hervor, „seid ihr es wirklich?" Er wollte schon aufspringen und sie umarmen, doch Enric wehrte ab und meinte nur:

„Beruhigt euch, wir haben euch empfangen und es ist schön euch zu sehen, unsere Absicht ist aber nicht mit euch zurückzukehren. Wir sind endlich dort angelangt, wo wir schon immer hinwollten. Unsere Bedürfnisse entsprechen nicht mehr den euren, wir empfinden sie eher als kindlich, denn es gibt nichts in der göttlichen Welt, das nur einer bestimmten Auswahl von Wesen vorbehalten wäre. Alles gehört allen und besteht aus allem. Es lohnt nicht etwas für sich haben zu wollen, denn es gehört einem schon. Das werdet ihr noch nicht so richtig verstehen, aber das macht nichts."

„Ja aber? Wir sind doch extra hierher gereist, um euch aus eurer Lage zu befreien. Sicher wollt ihr wissen, wie es den anderen geht und was die neuen Burgbesitzer tun, ob sie die Lichtsteine bereits entdeckt haben und noch vieles mehr. Wir brauchen euch, denn wir wissen nicht weiter", klagte Leo.

„Das ist ein Irrtum, ihr braucht uns nicht. Seht her, Oman befindet sich auf dem rein geistigen Weg. Alles Wollen und alle menschlichen und zwergenhaften Belange hat er abgelegt. Nicht die geringste Sehnsucht nach zu Hause berührt ihn noch. Er ist fast nur noch reiner Geist, glaubst du er möchte wirklich noch einmal in eine tiefere Materie, wo er jetzt endlich frei ist, absolut frei. Tausende von Leben liegen hinter ihm. Ihr müsst euch das so vorstellen, wie eine Erlösung aus unendlich vielen Zwängen."

„Ist das wirklich wahr?" fragte Anika, „für mich ist es schwierig das zu verstehen, denn wir Menschen leben in einer schönen Welt und eure Welt der Zwerge ist ja noch schöner, wie kann man da nicht mehr zurück wollen? Hier in dieser Lichtwelt ist man ja nirgendwo zu Hause und nichts erscheint wirklich. Alles existiert und gleichzeitig auch wieder nicht, da kennt sich doch niemand mehr aus, das ist wie in einem Irrgarten." Enric lachte:

„Das verstehst du nur nicht, weil du hier nicht heimisch bist. Als Oman und ich hier ankamen, ging es uns ähnlich. Wir dachten nur an zurückkehren und wie wir es am besten anstellen könnten, wir benötigten aber schon allein für die Existenz unserer alten Körper viel zu viel Energie, sodass für die Flucht nichts mehr übrig blieb. Wir versuchten unsere Körper so zu erhalten, wie wir sie kannten. In einer Welt ohne feste Materie ist das überaus anstrengend. Nur euch Erdenkindern gelingt es, denn ihr seid noch zu fest von euren Gedankenwelten und Vorstellung vom Leben umgeben, das schützt euch leider wie ein Panzerglas. Was nicht heißt, dass das immer so bleibt." Anikas und Leos Gesicht zeigten sich immer besorgter.

„Dann war also alles umsonst?" stammelte Leo.

„Damit es nicht ganz umsonst war, unterbreite ich euch jetzt einen Vorschlag. Wie ihr an meinen Körperfarben erkennt, bin ich im Gegensatz zu Oman noch nicht ganz befreit vom großen Wollen, deshalb erkläre ich mich für eine begrenzte Zeit bereit mit nach Hause zu kommen. Aber es geht nicht so einfach. Ich muss mich erst langsam wieder an materielles Denken gewöhnen und mich mit ihm identifizieren. Dann konzentriert und sammelt sich auch mein Körper wieder zu dem, was er einst war. Damit dies auch wirklich geschieht, müsst ihr mir alles erzählen, was sich während unserer Abwesenheit ereignet hat. Oman lassen wir hier. Schaut ihn euch an, er ist bereit wo ganz anders, wo auch ich kurzfristig sein konnte. Er ist bereits dort, wo Alles Eins ist und schaut nur noch ab und zu in seinen Lichtkörper, um den letzten Rest auf dieser Welt noch zu erledigen. Wir lassen ihn am besten hier in Ruhe sitzen und suchen uns eine andere Bleibe. Ihr braucht nichts zu tun, ich nehme euch mit."

Nach wenigen Augenblicken verschwand diese wildschöne Landschaft vor ihren Augen und eine neue, dem Zwergenreich ähnliche Umgebung nahm immer klarere Formen an.

Anika rief: „Wir sind wieder zurück, im Zwergenreich, Gott sei Dank." „Langsam, langsam, so schnell kann es leider nicht gehen. Zuerst erzählt ihr mir ganz genau, was sich ereignet hat. Das hier soll euch nur euren Aufenthalt erleichtern. Gehen wir dort in diese Hütte, es steht etwas Essbares bereit, allerdings nur zum Anschauen. Auf dieser Welt bekommt der Körper eine andere Speise zugeführt, ihr braucht euch nicht darum zu bemühen."

In der Hütte, die Anika und Leo wie eine menschliche Hütte aus Ihrer Heimat in Bergen empfanden, war es äußerst gemütlich. Sie setzten sich und bestaunten die Vielzahl an herrlichen Früchten, die auf dem Tisch standen.

„Alles nur eine Illusion, fängst du mit dem Erzählen an, Leo?"

„Eigentlich können wir nur von da an berichten, wo wir zum zweiten Mal das Zwergenreich betreten hatten. Die Lichtburg war bereits in den Händen der Langohrnasen sowie der Nordzwissler. Branak hatte dich und Oman, nachdem sie die Lichtburg eingenommen hatten, mit einem Zauberstab in diese Welt geschickt und der Rest der Einwohner flüchteten in die Berge. Die Lichtsteine wurden nicht mehr vom Kristallwasser durchspült und wurden dunkel. Deshalb können sie die Zwissler auch nicht finden und sind sehr böse. Sie stellen Fallen auf, um die Lichtzwerge zu fangen und wollen von ihnen das Geheimnis der Lichtsteine abpressen. Der große Mausvogel brachte uns, warum auch immer, in die Berge zu den Lichtzwergen, sonst wären wir sicher in die Fallen gelaufen. Die Burg wird von den kleinen Riesen außen herum bewacht, in der Hoffnung, dass sie ebenfalls etwas von den Lichtsteinen abbekommen. Sie sind aber inzwischen misstrauisch geworden und glauben, die Zwissler wollten alle Steine für sich behalten. Prello, Anika und mir, gelang es in die Burg einzudringen und einen Umhang zu stehlen, der uns auf unserer Reise hierher zu euch unsichtbar machte. Wenn wir Xenos den Drachen nicht zufällig getroffen hätten, wir würden wahrscheinlich immer noch einen Weg zu euch suchen oder vielleicht wären wir auch gefangen genommen worden, denn die Zwissler haben gemeine Fallen aufgestellt, auf die auch Prello hereingefallen war.

Dies ist so in etwa unsere Geschichte. Wahrscheinlich hast du den Überfall selbst miterlebt und kannst uns den Anfang der Geschichte erzählen."

„Ja, das werde ich tun, damit ich meine Energien besser fokussieren kann. Vermutlich müssen wir gemeinsam noch zwei oder drei dichtere Welten durchschreiten, bis mein Körper wieder soweit ist, dass er die Welt der Zwerge betreten kann."

„Als ihr wieder auf eure Erde zurück gekehrt seid, vergingen nur wenige Tage, bis die Zwissler, die Langohrzwerge und die kleinen Riesen sich zu einem

Heer vereinigt hatten, um unsere Burg einzunehmen. Ich hatte es gespürt und konnte die Veränderung an der Dunkelfärbung des Himmels erkennen. Als ich dem Rat meine Befürchtungen mitteilte, lächelten sie nur überheblich und meinten unsere Burg sei so mächtig, niemand würde es wagen sie zu stürmen. Diese Arroganz wurde bestraft, denn aus dieser Überheblichkeit heraus, wurden auch die Wachen auf der Mauer nicht verstärkt. Ich war der einzige, der auf der Mauer stand und die Gegend beobachtete. Aber die Nordzwissler waren auch nicht dumm. Einige von ihnen schleusten sich, in unseren kleinen Drachenkutschen versteckt, in die Burg und des Nachts öffneten sie das Tor.

Ich spüre bereits starke Emotionen in mir, meine Fokussierung beginnt. Mein Geistkörper verändert sich, wir müssen den nächsten Schritt unternehmen und in eine der vielen Nebenwelten eintauchen. Ich muss euch aber warnen, je dichter die Welten werden, umso unberechenbarer sind ihre Bewohner. Ihr Getrenntsein vom „Großen Ganzen", macht sich immer mehr bemerkbar. Sie beginnen das sogenannte Gute vom Bösen abzuspalten und leben dadurch mehr und mehr in einer dualen, illusionären Welt, wie ihr Menschen auf der Erde. Nehmt euch in die Arme und fühlt euch als Einheit, wir reisen gleich weiter." Enric berührte sie nur leicht mit seiner Hand und schon verloren beide jegliche Orientierung.

104

Im Land der Echsen

Als Anika und Leo ihre Augen aufschlugen strahlte ihnen, wie schon lange nicht mehr eine richtige Sonne in die Augen und sie sahen sogar einige Wolken am Himmel. Vor ihnen jedoch erhob sich eine unendlich hohe fluoreszierende Mauer. Enric neben ihnen meldete sich mit einem:

„Ja ja, das habe ich mir gedacht, die lassen niemand herein, ohne nicht vorher zu wissen, wen sie da vor sich haben. Wartet hier ich suche den Wächter. Anika und Leo erschraken, als sie den Wächter erblickten.

„Eine Echse, eine riesige Echse", stammelte Anika.

„Ja, aber sie wird uns nichts tun, Enric unterhält sich mit ihr." „Sie will uns mit in ihre Höhle nehmen und uns ihren Artgenossen vorstellen, die dann entscheiden werden, ob sie uns einige Zeit hier verweilen lassen."

„Puh, ob das gut geht", stammelte Anika.

„Wir müssen auf ihre Bedingungen eingehen, uns bleibt keine andere Wahl, auch euer Körper benötigt diese langsame Anpassung", flüsterte ihnen Enric zu.

Die Echse interessierte sich kaum für die Erdenkinder, sie drehte sich um und schlängelte sich durch eine Höhlung unter der Mauer. Den Dreien blieb nichts anderes übrig, als ihr nach zu kriechen. In dieser Welt schien sich Vielerlei mehr zu bewegen als in der Lichtwelt. Die unterschiedlichsten Vogelarten mit kurzen und ganz langen Flügeln, Insekten, riesig

105

groß, Schmetterlinge, auf welchen man hätte reiten können und Schlangen, die wenn sie gewollt hätten, die Zwerge nacheinander hätten verschlingen können. Sie waren in eine Welt von Tiere eingedrungen und die Echsen schienen ihre Herrscher zu sein, denn alles rückte auf die Seite und gab der Echse den Weg frei.

„Hier müssen wir rein." Ein dunkler Gang, Anika griff nach Leos Arm und Leo nach Enrics Schulter. Langsam folgten sie dem schleifenden Geräusch der Echse, bis sie einen flackernden Schein vor sich sahen. Ein Feuer? Wie konnte hier ein Feuer brennen? Echsen war doch sicherlich mit Feuer anmachen nicht vertraut. Doch sie näherten sich zweifelsfrei einem Feuer. Hoch schlugen die Flammen zur Decke und um das Feuer herum Echsen, Echsen nichts als Echsen. Manche drehten die Köpfe, andere öffneten gerade noch ein Auge. Das war alles an Begrüßung.

„Ich habe hier ein paar Wesen mitgebracht, die bitten um Erlaubnis für ein bisschen Erholung." Gähnen, Grunzen und schmatzende Geräusche waren die einzige Antwort, die sie erhielten.

„Ihr könnt bleiben und euch am Feuer nieder lassen. Wenn ihr geht, gebt mir Bescheid."

„Dürfen wir eure Welt nicht ein wenig erkunden? Wir werden wahrscheinlich nie wieder hier her kommen."

„Wenn ihr unbedingt wollt, aber ich warne euch, seid achtsam, so und jetzt Ende mit dem Gerede, ich bin müde." Das waren die letzten Worte der Echse.

Enric, Anika und Leo ließen sich in einer Mauernische nieder und berieten das weitere Vorgehen. „Ängste würden das Anpassen an die Gegebenheiten dieser Welt forcieren, möchtet ihr euch dem aussetzen?"

„Wenn wir damit unsere Reise abkürzen können, dann gehen wir das Risiko ein, oder Anika, was meinst du dazu?" Anika nickt nur mit skeptischem Gesichtsausdruck.

„Gut, dann schauen wir nach draußen, was sich dort abspielt."

Kaum schauten sie aus der Höhle, stapfte auch schon ein Tier vorbei, das sich blitzschnell zu ihnen umdrehte und sie durch seinen Rüssel anblies. So schnell wie sie aus der Höhle herauskamen, so schnell kullerten sie wieder hinein. Der Luftdruck ließ sie nur schwer atmen. Der zweite Anlauf gelang ihnen. Was für eine Welt? Sie hatten andauernd das Gefühl von listigen Wesen umgeben zu sein, die alle nur darauf warteten mit ihnen etwas anzustellen. Eine Schlange zum Beispiel stellte Enric ein Bein, indem sie sich anhob, als er über sie steigen wollte. Eine Liane, die von einem Baum hing, entpuppte sich als eine zehn Meter lange Raupe, die sie beinahe zu Tode erschreckte, als sie lachend ihre Zähne zeigte und ein Stück Grasfläche warf sie um, rollte sich mit ihnen zusammen ein, rollte weiter und weiter, bis sie schrien und endlich schwankend wieder freigelassen und aufstehen durften. Enrics Achtsamkeit vergrößerte sich von Mal zu Mal, bis er schon im Voraus erkannte, was die Wesen im Schilde führten und er Anika und Leonard rechtzeitig warnen konnte.

„Ich glaube, das reicht. Es gelingt mir schon wieder recht gut, mich auf meine Umgebung einzustellen. Auch mein Körper reagiert schon ausgesprochen gut. Die Echse soll uns wieder aus dieser Welt herausführen."

Dies war zwar schön gedacht, aber welche Echse kam von diesen unendlich vielen, um das Feuer herumliegenden Tieren in Frage? Enric rief: „Hallo, kann uns jemand helfen?" bekam aber keine Antwort. „Gut, dann müssen wir es selbst probieren. Leo erinnerte sich an den Weg, den sie mit der Echse gegangen waren, sie fanden auch die Mauer, aber der Durchschlupf blieb ihnen verborgen.

„Wenn ich euch sage wie ihr da durchkommt, was bekomme ich dann dafür?" flüsterte eine piepsige Stimme unter dem sandigen Boden hervor.

„Was willst du denn?" fragte Enric, wäre dir mit einer dicken, fetten Raupe gedient?"

„Bäh, wie eklig, nehmt mich einfach ein Stück in die andere Welt mit."

„Abgemacht und wo ist der Durchgang?"

„Hier direkt vor euren Füßen, ihr müsst nur etwas graben." Leo bückte sich, wischte den Sand auf die Seite und tatsächlich wurde ein Spalt sichtbar, der so breit war, dass alle hindurch schlüpfen konnten.

„Und was ist mit mir? Ihr habt mir doch versprochen, dass..."

„Ja, ja, ja, wo bist du denn?" Ein kleines pelziges Köpfchen schaute durch den Sand. Es sah einem Eichhörnchen sehr ähnlich, nur sein Schwanz war nicht so buschig.

„Warum willst du denn mit?" fragte Anika. „Wieso gehst du nicht einfach alleine weg, wenn du schon den Weg kennst."

„Bist du gerne alleine unterwegs?" und Anika erkannte, wie dumm sie ihre Frage gestellt hatte. „Außerdem ich fühle mich nicht mehr in meiner Heimat sicher. Die Schlangen verstehen keinen Spaß mehr, sie fangen und fressen uns. Schrecklich kann ich dir sagen. Niemand macht sowas hier, nur sie haben damit angefangen."

„Ok, komm und beeil dich, ich glaube die Echsen haben bemerkt, dass wir weg wollen, vielleicht möchten sie auch ihre Geschmacksnerven an uns testen", flüsterte Enric hastig.

Schnell verschwanden sie in der Erdspalte aber anstatt unter der Energiemauer wieder auf die andere Seite zu gelangen, tauchten sie in einer Höhlenwelt auf.

„Oh je, wo sind wir hier gelandet, da kenne ich mich auch nicht mehr aus", sagte Enric.

„Ich war schon hier, als ich mich vor den Schlangen verstecken musste", meinte das Pelzköpfchen

„Wir sollten so schnell wie möglich wieder zurück", riet Enric, „bevor uns diese unbekannte Welt gefangen hält. Weißt du..., wie heißt du eigentlich?"

„Man nennt mich „Greck", und ihr braucht keine Angst zu haben, hier ist es nur ein bisschen dunkel. Wo wollt ihr denn hin?"

„Wir sind auf dem Weg in die Zwischenwelt der Zwerge, kennst du den Weg?" wollte Leo wissen.

„Zwergenwelt, Zwergenwelt, muss hier irgendwo in der Gegend sein." Alle lachten.

„Irgend wo in der Gegend", wiederholte Leo. „Es ist eine riesige Welt, hell und klar, wunderschön und es leben unsere Brüder und Schwestern dort, da gibt es keine so dunkle Unterwelt wie hier. Du magst dich hier zurechtfinden, wir jedoch nicht. Unsere Augen sehen nur im Hellen."

„Nun, dann müssen wir zurück die Echsen fragen, die wissen alles."

„Die Echsen fragen? Die sind doch bestimmt sauer, weil wir abgehauen sind. Gibt es sonst niemand, der uns weiterhelfen könnte?" wollte Anika wissen.

„Ich weiß nur, dass es über dieser Unterwelt eine Welt der Windfeen gibt. Sie sollen angeblich dauernd damit beschäftigt sein neue Arten von Wetter herzustellen. Wollt ihr es dahin versuchen? Ich sehe einen Weg in diese Richtung, aber ihr müsst mich bei euch behalten, soweit war ich noch nie weg."

„Gut, wir versuchen es. Welche andere Wahl hätten wir auch sonst?"

Es war alles nicht so einfach, wie sie gedacht hatten. Sie kamen zwar gut voran, indem sie sich hintereinander an den Händen hielten. Leo, als erster der Gruppe, klammerte sich am buschigen Schwanz von Greck fest. Immer wieder tauchten irgendwo leuchtende Augen auf oder sie hörten ein unverständliches Gezischel und merkwürdige Laute. Einmal blieb Greck vor Schreck stehen, denn etwas hatte sich vor ihm in den Weg gestellt.

„Lasst uns durch, wir wollen nur zu den Feen und wissen keinen anderen Weg."

„Da lang", konnten sie hören „und lasst euch hier nicht mehr blicken."

In der Welt der Windfeen

Greck bog ab, Leo und Anika fühlten, sich wie in einen Schacht gezogen und dann erkannten sie zum ersten Mal wieder Umrisse von Felsen und ein immer heller werdendes Licht. Erleichtert atmeten alle auf, als sie eine Sonne anstrahlte, die sie mit ihrer Wärme verwöhnte. Sie sahen Pflanzen in allen Farben und Größen. Gräser so hoch wie Bäume und lustig aussehende, flatternde Geschöpfe. Überall lebte es. Die ganze Gruppe schien sofort diese positive Stimmung in sich aufzunehmen. Ihre Gespräche wurden freudiger, sie lachten befreit auf und Leo meinte:

„Hier könnte ich mir gut vorstellen meine Ferien zu verbringen."

„Das würde ich dir nicht raten. Erdwesen sind hier nicht willkommen." Tönte eine Stimme aus dem vor ihnen stehenden Wald aus hohem Gras.

„Wer bist du, dass du dich verstecken musst", erwiderte Leo keck.

„Ich kann es dich nur fühlen lassen" und schon blies ein starker Wind, der das Gras flach drückte und Staub vom Boden aufwirbelte.

„Lass es gut sein, Windfee, wir wollen von euch nichts, nur eure Erlaubnis in eurer Welt kurz verweilen zu dürfen, um uns auszuruhen. Dann werden wir weiter unsere Heimat suchen, vielleicht könntet du uns dabei helfen?"

„Eure Heimat Zwerge, die ist nicht weit, aber um dort hinzugelangen, gibt es nur einen Weg, der nicht

112

einfach ist. Es gibt da einen ehemaligen Bach, der von der Lichtwelt durch unsere herrliche Welt, direkt in eure Zwergenwelt fließt. Dem müsst ihr folgen, wie ihr dann aber da weiter vorzugehen habt, das müsst ihr selbst herausfinden. Lasst euch nicht stören durch die Wetterveränderungen hier, wir sind immer am Schaffen. Es macht uns Spaß Neues zu kreieren. Wenn wir zum Beispiel ein tolles Gewitter erfunden haben, verschicken wir es in andere Welten, um zu beobachten, was sich dort alles verändert. Also nur dass ihr es wisst, es kann für euch schon ein bisschen ungemütlich werden, solange ihr noch in unserer Welt verweilt."

„Wieso lässt du dich nicht sehen?" wollte Anika wissen.

„Ich stehe neben dir, aber du kannst mich nicht sehen, meine Strukturen sind für dich absolut transparent. Wenn ich mich beschreiben soll, dass du dich mich in etwa vorstellen kannst, dann denke an einen großen, mit langem Gras bewachsenen Baum mit weiten Ästen. Ich bin allerdings nicht festgewachsen, sondern kann überall in Gedankenschnelle hineilen. Wie könnte ich sonst einen Gewittersturm erschaffen?"

„Ja, natürlich, vielen Dank für die Beschreibung deiner Gestalt. Wir danken dir für deine Auskünfte. Eine letzte Frage hätte ich noch: wie finden wir den Fluss?"

„Ihr lauft einfach immer geradeaus, dann stoßt ihr genau drauf."

„Danke, danke, du liebe Fee, vielleicht können wir dir auch einmal behilflich sein. Wenn ich darf, werde ich von dir einmal einen Wind anfordern, wie muss ich dann vorgehen?" In Leonards und Anikas Gesichtern leuchtete es kurz auf.

„Rufe einfach folgendermaßen nach mir: Windhilde, Windhilde, Hilfe, Hilfe! Das genügt völlig. Du spürst meine Anwesenheit dann sofort. Ich wünsche euch viel Glück und lasst euch von uns nicht erschrecken, euch wird nichts geschehen."

Wusch, und weg war sie, die Windfee.

„Die hat gut reden einfach gerade aus, etwa durch das hohe Gras? Wie sollen wir da die Richtung halten? Am Ende werden wir wieder hierstehen", prognostizierte Leo.

„Da kann ich euch vielleicht weiterhelfen", flüsterte Greck dazwischen. „Ich besitze einen sehr gut ausgeprägten Richtungssinn, deshalb verlaufe ich mich nie. Folgt mir einfach." Alle atmeten auf und ihre Mienen erheiterten sich.

„Wartet", bot Enric Einhalt, „wir sollten langsam wieder ein bisschen Essen zu uns nehmen, diese Welt versorgt unsere Körper nicht mehr. Ich weiß nur nicht, was wir hier essen könnten, außer Grasessenz."

„Das ist nicht das Schlechteste, in unserer Welt trinken viele Menschen Gerstensaft, wobei ich nicht das alkoholhaltige Bier meine, sondern Saft aus frisch gekeimter Gerste."

„Gut dann wollen wir unser Glück mit diesem Gras versuchen, auch wenn es keine Gerste ist", meinte Enric, der inzwischen fast wieder ein richtiger Zwerg geworden war.

Nach ihrem Mahl durchstreiften sie, Greck nicht aus den Augen lassend, die Graswüste. Niemand sah mehr als einen Schritt voraus, so dicht stand das Gras.

„Wenn du uns jetzt verlässt, dann sind wir alle verloren, Greck", sagte Anika.

„Was hätte ich davon, ich möchte doch mit euch in die Zwischenwelt der Zwerge, wo ich keine Angst zu haben brauche."

Leo kam es so vor, als kämpften sie sich schon seit Stunden durch das Grasgestrüpp, als sich plötzlich eine Lichtung vor ihnen auftat. Bäume, Büsche, Pflanzen mit stark duftenden Blüten in den herrlichsten Farben und zwischen ihnen ein kristallklares Geplätscher eines Baches.

„Das muss es sein, das Lichtwasser, auf dem Weg ins Zwergenreich. Schaut nur, wie diese Pflanzen gedeihen, die er mit Nahrung versorgt. Er wird nichts dagegen haben uns etwas von seinem köstlichen Nass abzugeben." Enric beugte sich über das Wasser und kostete es. Herrlich, meinte er. Seine ganze Gestalt schien davon zu profitieren, denn als er sich aufrichtete, glaubten alle, er hätte sich um Zwergenjahre verjüngt. Auch die anderen spürten die köstliche Erfrischung.

„Danke Greck, nur mit deiner Hilfe können...."‚

„Schon gut", erwiderte er bescheiden ich muss jetzt auch etwas zu mir nehmen."

Ein frischer Wind strich über ihre Häupter und als sie ihre Köpfe in Richtung Himmel richteten, erkannten sie, wie sich Wolken übereinander häuften. Von einem Augenblick auf den nächsten ergriff eine Sturmwehe das Gras, und drückte es ganz flach auf den Boden.

„Wir sollten Schutz suchen, sonst fliegen wir bald durch die Gegend, die Windhilde kennt kein Pardon. Sie denkt nur an sich und ihre neuen Windkreationen", schrie Leo dem Getöse entgegen. Er hob Greck hoch und rief: „Folgt mir, da vorne, der hohle Baum." Schon rannten alle in diese Richtung. Anika verschwand gerade als letze in der Höhlung, als es zu regnen anfing. Natürlich war es kein gewöhnlicher Regen. Er kam zuerst von links, dann wieder von rechts und zum Schluss goss es senkrecht von oben, wie aus Eimern. Aber so schnell, wie alles passierte, hörte es auch wieder auf und sofort ließ die Sonne das Wasser im Boden wieder verdunsten. Der Wasserdampf stieg auf, wie Rauch eines riesigen Feuers, das mit nassem Holz genährt wurde. An den Bäumen und Pflanzen bildeten sich kondensierte Wassertropfen, die auf die Häupter der Freunde fielen und als sie nach oben blickten, konnten sie der wilden Schönheit der Pflanzen beim Wachsen zusehen.

„Wir müssen weiter", ermahnte Enric, „bevor sich Windhilde wieder etwas Neues einfallen lässt."

116

Das Gelände senkte sich ab und da erblickten alle fast zur gleichen Zeit einen riesigen See unter sich im Tal.

„Ja, das müsste der See sein, der sich hier staut, seit kein Wasser mehr in unsere Welt fließen kann. Jetzt müssen wir nur noch eine Stelle finden, die uns Zutritt nach Hause verschafft", meinte Enric.

„Nur noch eine Stelle finden, das ist gut, wo sollen wir auf diesem großen See anfangen zu suchen?" fragte Leo.

„Auf jeden Fall werden wir ein Boot benötigen, das uns zur ursprünglichen Abflussstelle bringen kann, dann wissen wir wenigstens, in welche Richtung wir weiter suchen müssen."

„Ich weiß nicht so recht Enric. Glaubst du wir finden ein Loch, das uns zum Zwergenreich führt?" fragte Leo skeptisch.

„Vielleicht, vielleicht auch nicht. Zumindest wissen wir die Richtung. Es gibt Tore, die die Welten voneinander trennen und es gibt Höhlen, die die Funktion von Toren besitzen. Vielleicht gibt es auch noch andere Möglichkeiten, von denen wir keine Ahnung haben."

Während sie ins Tal abstiegen, umkreisten sie mehrere schwarze Vögel. Greck flüsterte vor sich hin:

„Wie will man einen alten Abfluss im See finden, wenn dieser meterhoch überschwemmt ist?"

„Natürlich, wieso habe ich daran nicht gedacht", fragte sich Enric, „ich glaube ich bin doch noch nicht ganz wieder hergestellt, meine Logik lässt zu wünschen übrig. Der ehemalige Abfluss liegt ja sicher tief unter dem Wasserspiegel, da hat Greck recht." Greck quiekte so vergnügt, dass Anika lachen musste.

„Die ganze felsige Küste abtauchen, finde ich nicht besonders spaßig und wer weiß schon wie tief man da runter muss. Ich denke wir müssen pokern und darauf vertrauen, dass der Abfluss in etwa dem Zufluss gegenüberliegt und dass wir deshalb dort im Gestein nach einem Durchschlupf suchen sollten. Die Chancen sehen aber eher schlecht aus."

„Habt ihr das gesehen? Es flogen Vögel auf den Berg zu und plötzlich waren alle verschwunden". Anika zeigte in die Richtung, in der sie den Vorfall bemerkt hatte, Enric wurde ganz aufgeregt.

„Das könnte die Lösung sein, ein Tor zu unserer Welt in der Luft, vielleicht ist es zu erreichen." Sie stiegen den Berg wieder hoch und nahmen oben einen von Tieren ausgetretenen Pfad, der den See zu umkreisen schien.

„Anika merke dir gut die Stelle, wo die Vögel verschwunden sind", riet ihr Enric.

„Sie ist nicht mehr weit, dort bei den großen Bäumen."

„Das könnte die Rettung sein, wenn ein Baum mit seiner Krone durch das Tor in unsere Welt dringen würde", vermutete Enric.

118

Stolpernd und etwas außer Atem, Greck durfte in Anikas Tasche sitzen, erreichten sie drei Bäume, wovon einer tatsächlich eine so stattliche Höhe erreicht hatte, dass man seine Spitze nicht mehr sehen konnte.

„Dies dürfte der richtige Baum sein, ich bin gespannt, in welcher Gegend unserer Heimat wir auftauchen werden."

Es war kein Hexenwerk den Baum zu besteigen, die Äste waren in einem gleichmäßigen Abstand von unten nach oben gewachsen. Der senkrechte Aufstieg allerdings hatte es in sich. Leo schätzte ihn auf dreibis vierhundert Meter und dann verschwand plötzlich einer nach dem anderen im Nichts. Jeder war so mit sich und dem Klettern beschäftigt, dass niemand so richtig bemerkte, wie sie die Welt der Feen verließen. Nur der veränderte Sonnenstand in ihrer Heimat drang langsam in ihr Bewusstsein.

„Wir haben es geschafft", schrie Leonard, „Enric wir haben es geschafft." Alle drei saßen spiegelverkehrt auf der Spitze eines anderen Baums aber jetzt in der Zwergenwelt.

„Schaut das Schauspiel der untergehenden Sonne an, schön, dass ich das noch einmal erleben darf. Dort liegt die Zwisslerborg und wir sitzen im Wald auf einem unserer größten und herrlichsten Bäume", erklärte Enric verzückt. Alle drei einschließlich Greck, der aus Anikas Tasche lugte, betrachteten das Schauspiel der untergehenden, orangerot gefärbten Sonne.

„Da, die Raben, sie fliegen ohne Probleme einfach durch die Welten und sie wissen genau, wo sich ein Weltentor befindet", glaubte Anika zu wissen.

Dann schaute Leo etwas genauer nach unten und vor lauter Schreck, wäre er beinahe gefallen.

„Wisst ihr eigentlich wo wir hier sitzen?" stammelte er. Alle folgten seinem Blick. „Wir befinden uns bei den Hölzernen, bei den springenden Bäumen. Das hier ist doch genau die Stelle, wo wir, Anika, du Enric und ich, ihre Versammlung beobachteten, als sie Nurmuth und Trauroth gefangen hielten."

Die Hölzernen waren ein eigenes Volk im Land der Zwerge. Sie besaßen die Fähigkeit das Gewand eines Baumes anzulegen, um damit durch die Landschaft zu hüpfen. Jeden Abend versammelten sie sich an einer bestimmten Stelle im Wald, verließen ihren hölzernen Körper, sprachen über ihre Erlebnisse des vergangenen Tages und legten sich dann in einer nahen Höhle zum Schlafen.

„Ich erinnere mich", antwortete Annika, „von oben sieht alles ein bisschen anders aus aber...." Ihre Worte wurden immer leiser, unten hatte sich etwas bewegt. „Ich glaube, die Ersten sind gerade wieder eingetroffen." Keiner der Vier sagte ein Wort. Alle starrten wie gebannt nach unten. Fünf, sechs, nein sieben, Hölzerne verließen ihre Baumbehausung, stellten sich im Kreise unter den Baum auf dem sie saßen, hoben die Arme wie zu einem Gebet nach oben und bereiteten danach ein Lagerfeuer vor, das wohl die ganze Nacht durchbrennen sollte, denn immer mehr Äste

und Rindenstücke wurden heran geschleift und seitlich aufgeschichtet.

„Habt ihr schon gehört? Die Zwissler und Langohren sind auf der Lichtburg ganz durcheinander geraten. Irgendjemand, wahrscheinlich die Lichtzwerge,
sollen versucht haben, ihre Burg zurück zu erobern,
was ihnen natürlich nicht gelungen ist."

„Solange die Streithähne uns in Ruhe lassen",
meinte ein anderer, „ist mir das egal." „Da hast du
recht, wir haben genug mit uns selbst zu tun. Zwei
unserer Freunde scheinen ein Stadium der Entrü-
ckung erreicht zu haben. Sie stehen wie verwurzelt
draußen im Wald und warten auf ihre Erleuchtung."

„Was meint das Wesen damit?" flüsterte Leo.

„Die Hölzernen sind im Prinzip gute Wesen, sie
streben wie wir nach Vollkommenheit, gehen aber
einen ganz eigenen Weg. Sie lassen sich von niemand
drein reden und erscheinen deshalb oft überheblich.
Vielleicht könnten sie uns helfen?" gab Enric leise zurück. „Ich hab da so eine Idee, ich versuche mal vorsichtig abzusteigen um mit ihnen zu reden."

„Sei vorsichtig", riet Leo, die verstehen nur ihre eigenen Späße."

Die Hölzernen standen gerade auf, um sich in ihre
Schlafhöhle zu begeben, als sie Enric unter dem
Baum erblickten. Voller Panik wollten sie sofort in ihr
Holzgewand springen, als Enric ganz beruhigend auf
sie einredete. Er sprach so leise, dass man es von
oben überhaupt nicht hören konnte. Dann ging er mit

121

den Wesen in ihre Höhle und unterbreitete ihnen einen Vorschlag. Lange Zeit später trat er alleine aus der Höhle, winkte und rief seine Freunde zu sich:

„Kommt herunter, wir dürfen unbehelligt durch ihren Wald gehen, sie sind mit dem, was ich ihnen versprochen habe einverstanden. Ich darf nichts verraten, nur so viel, dass sie uns helfen werden." Leo schaute etwas missmutig drein. Wieso durfte er nicht wissen, was da ausgehandelt wurde?

Bis zum Morgengrauen hatten sie schon das Grenzgebiet der Hölzernen erreicht. Dieses Mal mussten sie nicht auf das Moos achtgeben, das Informationen von Ankömmlingen zu den Hölzernen weiterleitete.

„Ich würde mich jetzt gerne zu meinem Volk begeben. Leider gelingt es mir gedanklich nicht mehr, mich zu entmaterialisieren, wie es Prello so gut kann. Wahrscheinlich habe ich mich zu lange im schweren Reich der Echsen aufgehalten. Jetzt gehen wir halt zusammen, ohne dass die Unsrigen Bescheid wissen. Wir machen einen großen Bogen an der ehemaligen Zwisslerborg vorbei und versuchen irgendwie die Verstecke unserer Lieben in den Bergen zu finden. Vielleicht wäre es auch gut zuerst einen Abstecher zu den Südzwisslern zu machen, um zu erfahren, wie sie zu den Nordzwisslern stehen."

„Oh ja, da möchte ich mit", erwiderte Anika, „ich könnte mir gut vorstellen, dass sie das Verhalten ihrer Brüder nicht gutheißen. Ich habe sie als ein friedliebendes, fröhliches Völkchen in Erinnerung."

„Also gut, abgemacht, gehen wir zuerst zur Zwisslerborg. Wir müssen aber trotzdem vorsichtig sein, denn wir wissen nicht, ob sich noch einige Garnison der Nordzwissler zur Beobachtung dort befinden.

Einen Tagesmarsch dauerte es, bis die Borg so nahe kam, dass sie das Treiben dort genau beobachten konnten. Das Tor stand weit offen und als die Nacht anbrach, ließen sie sich bis in die Nacht hinein Zeit, es zu schließen. Offensichtlich hielten sie es mit der Bewachung nicht so streng, denn tagsüber durfte jeder Händler herein, ohne groß durchsucht zu werden.

„Ich glaube wir haben nichts zu befürchten, auf den Mauern stehen ebenfalls keine Wachen, die Borg bzw. die Einwohner der Borg scheinen sich nicht bedroht zu fühlen und haben deshalb keine Angst vor Überfällen." Und es war in der Tat so, seit Branak mit seinen Männern auf der Lichtburg saß und sich nicht getraute, die eingenommene Burg der Lichtzwerge zu verlassen, fühlten sich die Zurückgebliebenen viel freier.

„Trotzdem werden wir nicht heute Nacht, sondern erst morgen in der Frühe auf die Borg gehen. Sie sollen sehen, dass wir nichts im Schilde führen."

Sie suchten noch in der Umgebung nach Pflanzen und Wasser, um sich energetisch aufzuladen. Das einzige Problem war jetzt nur noch Greck, der diese Art von Ernährung nicht kannte. In seiner Heimat aß er ihm bekannte Pflanzenwurzeln und Früchte, aber hier befand er sich in der gleichen Situation wie Leo und Anika, als sie das erste Mal die Zwischenwelt der

Zwerge besuchten. Von diesen Pflanzen wurde er einfach nicht satt.

„Ich versuche dir zusätzlich etwas von meiner Energie etwas abzugeben", schlug Enric vor und hielt schon seine Hand über Gecks Kopf. Es klappte, nach kürzester Zeit fühlte sich dieser wieder frisch und munter.

„Wir verbringen die Nacht auf den Ästen eines Zwedenbaumes", schlug Enric vor, da sind wir am sichersten. Dieser Baum besaß eng gewachsene, dicke, fleischige Blätter, auf denen man sich bestens ausruhen konnte und vor allen Wesen, die nachts auf Nahrungssuche unterwegs waren, genügend Schutz bot. Das Krächzen einiger Raben weckte sie. Vermutlich die gleichen, die am Vortage durch das Tor geflogen waren. Während sich Leo halbverschlafen die Augen rieb, verstand er plötzlich das Gebrabbel der Raben unter einander:

„Sie wollen ihre Lichtburg zurückerobern", meinte einer, während der andere antwortete:

„Krah, krah, das wird gar nicht so einfach werden."

„Die Armen, sie wissen nichts von der Falle auf der Zwisslerborg", mischte sich ein Dritter ein.

Leonard traute seinen Ohren nicht und erzählte, was er gehört hatte.

„Danke", rief Enric den Raben zu, „wir werden aufpassen." Diese flogen mit lautem Gekrächze davon.

„Das sind die ersten Raben, die ich in eurer Welt gesehen habe, sind diese womöglich aus unserer Welt", fragte Leo Enric.

„Kann durchaus sein, dass sie auch ein Tor zu unserer Welt gefunden haben. Raben sind sehr weise. Schon wenn du sie auf große Entfernung anschaust, spürst sie es und reagieren darauf mit Abflug. Sie wissen viel mehr, als wir glauben. Irgendwie gelingt es ihnen den großen Wissenspool anzuzapfen, wie ein tief meditierender Mensch oder Zwerg. Ich denke, wir besuchen oder besser noch, ich besuche die Burg zunächst alleine, sollte mir etwas zustoßen, dann könnt ihr mich mit euren Tarnumhängen wieder befreien."

„Ja", meinte Leo, „das wäre wohl das Sicherste. Nimm du Greck mit, er kann uns benachrichtigen, falls dir etwas passiert." Enric nahm Greck in seine Tasche und begab sich, alles beobachtend aber so unauffällig wie möglich, zum Burgtor. Anika und Leo verfolgten die zwei aus dem Baumversteck.

„Vielleicht habe ich mich ja auch getäuscht und habe nur geglaubt, aus dem Gekrächze Worte zu hören, ich schlief ja noch halb."

„Leo", schrie Anika plötzlich auf, „schau das Tor schließt sich hinter Enric. Sie haben ihn gefangen.

Tatsächlich, als sich das Tor mit lautem Knarren schloss, sprangen sofort mehrere Wächter der Zwissler aus ihren Wachhäusern und umringten Enric.

„Wer bist du? Wo kommst du her? Wo sind die anderen, mit denen du gestern Abend vor der Burg zusammen warst?" Ihre Fragen prasselten nur so auf Enric ein und bevor er auch nur eine davon beantworten konnte, führten sie ihn bereits zum hohen Turm, stiegen mit ihm ganz nach oben und präsentierten ihren Fang Segrit.

„Na, was habt ihr denn da Feines mitgebracht? Enric? Ich glaube es nicht. Du müsstest dich doch eigentlich in einer ganz anderen Welt befinden? Wer hat dich denn befreit? Dann ist womöglich Oman auch in der Gegend?"

„Da liegst du total falsch, Oman hätte zwar auch mitgekonnt, aber er zog es vor, sich in seiner hellen Welt zu vervollkommnen. Mir selbst halfen zwei Wesen, die du nicht kennst, durch mehrere Welten zurück zu finden. Jetzt und wo ich schon mal da bin, dachte ich, ich schau auf eurer Borg vorbei, vielleicht habt ihr eure Meinung über uns Lichtzwerge geändert und wir können wieder friedlich miteinander leben."

„So, so, friedlich wollt ihr mit uns zusammen leben." Er lachte laut, dann schrie er: „Und die Lichtsteine wollt ihr nur für euch, sie gehören genauso gut auch uns, ihr Diebe. In der Zwergenwelt gehört alles, hast du davon noch nie gehört? Du dreimal Kluger." Segrit war außer sich.

„Ich mache dir einen Vorschlag", versuchte ihn Enric zu beruhigen. „Du lässt mich gehen und ich stelle mich als Vermittler zur Verfügung."

„Ha, dass ich nicht lache, ich werde sofort Branak benachrichtigen und dann werden wir das von euch bekommen, was uns schon lange zusteht aber dieses

126

Mal werden wir die Steine bewachen. Bringt ihn ins Verlies." Mit geschwellter Brust entfernte er sich, während sich die Wächter aufmachten, Enric wieder nach unten in ihr Verlies zu bringen. Jetzt mussten ihn Leo und Anika retten, es gab keine andere Möglichkeit mehr. Als er mit Greck, der sich in seiner Tasche nicht gerührt hatte, allein in diesem düstern, kalten Raum saß, riet er Greck:

„Du musst jetzt Anika und Leo Bescheid geben, was passiert ist. Sie sind unsere einzige Rettung."

„Ist schon gut", meinte Greck und verschwand durch einen Spalt nach draußen.

Das Tor stand wieder offen, als ob nichts geschehen wäre. Greck huschte im Schatten an der Burgmauer entlang bis zum Tor. Dann sprang er blitzschnell in Richtung Zwedernbaum. Dort erzählte er den beiden alles, was sich zugetragen hatte. Anika und Leo handelten ohne zu zögern. Sie zogen ihre Kutten über, verstauten auch Greck darunter und begaben sich direkt zum Tor.

Unterwegs erklärte ihnen Greck, in welcher Höhle sich Enric aufhielt. Leo wusste sofort, wo er zu suchen hatte. Das Verlies war das gleiche, aus dem er mit Prellos Hilfe, den Umhang von Anika herausgeholt hatte. Wenn das Glück ihnen zur Seite stand, befanden sich die anderen Umhänge immer noch dort, ohne dass ihre Funktion des Unsichtbarmachens erkannt worden wäre. Jetzt ging es nur darum, den Türschlüssel zu ergattern. Sie liefen direkt zum Brunnen. Dort konnten sie abwarten, bis ein Wächter kam, um

Enric das Essen zu bringen, was auch einige Stunden später kurz vor der Dämmerung geschah.

Der Wächter hielt ein paar halb vertrocknete Pflanzen in der Hand, schloss die Türe auf und warf sie hinein.

„Guten Energieausgleich", rief er, warf die Türe wieder hinter sich zu und wollte gerade wieder abschließen, als ihm etwas um die Beine herumstrich. Er schaute nach unten erkannte aber nicht viel, außer einem buschigen Schwanz. Er wollte mit dem Fuß nach ihm kicken, traf aber nicht. Er wandte sich wieder der Türe zu und dieses Mal sprang Greck an ihm hoch.

„Verflixtes Biest, willst du wohl von mir lassen", schrie er, zog den Schlüssel ab und verschwand eiligst. Der Trick hatte geklappt, der Wächter hatte im Durcheinander ganz vergessen den Schlüssel umzudrehen. Kaum war er außer Sichtweite, als die drei Unsichtbaren vorsichtig die Türe öffneten und hindurch schlüpften. Groß war die Freude. Und noch größer war sie, als Leo auch die anderen Umhänge erblickten. Einen hatte Enric bereits umgezogen, die anderen versteckten sie unter den eigenen, indem sie sie an ihren Körpern festbanden.

Leo schlich zur Türe, schaute vorsichtig hinaus und als er niemand entdeckte, der auf ihn geachtet hätte, winkte er den andern zu, sich zu beeilen.

„Wir dürfen noch nicht sofort nach Hause, wir müssen jetzt zu den Südzwisslern und mit ihnen verhandeln."

128

„Warum uns dieser neuen Gefahr aussetzen", wollte Anika wissen, wäre es nicht besser wenn...."

„Nein, nein, wir brauchen dringend Verbündete, die im Rücken der vereinigten Nordzwissler Unruhe stiften. Vielleicht lassen sie sich überzeugen, denn sie sind, wie du bereits erwähntest Anika, sehr verständig", glaubte Enric.

Der Weg auf die südliche Seite des Berges verlief relativ problemlos durch den Berg. Sie mussten nur die alten Fallen, die sie bereits kannten, umgehen und auf der anderen Seite nach dem Oberhaupt fragen.

Anika erinnerte sich an ihren Ausflug während ihrer Gefangenschaft auf der Borg.

„Die Südzwissler sind ganz anders, als ihre Brüder im Norden, sie sind viel freundlicher und hilfsbereiter, ich denke sie werden unsere Situation verstehen und uns irgendwie unterstützen." Vom Ende des Tunnels begrüßte sie bereits das helle Sonnenlicht und als sie aus dem Tunnel traten, trafen sie freundliche neugierige Blicke. Alle hatten ihre Tarnung abgenommen. Anika und Leo erregten natürlich durch ihr Aussehen größte Neugierde.

„Wo kommt ihr her? Wieso haben euch die Nordzwissler durchgelassen? Sind das Erdenkinder?" Und noch viele andere Fragen mussten sie beantworten, bevor man sie zu Bellucs führte.

Bellucs ein freundlicher, gutgelaunter Zwerg mit roten Backen und einer lustig zum Himmel gerichteten

Nase, hörte sich ihre ganze Geschichte ohne Unterbrechung an. Dann sagte er: „Wie ihr vielleicht wisst, sind auch wir nicht sonderlich gut unseren Nordbrüdern gegenüber gestimmt, aber wir provozieren sie nicht und mischen uns auch nicht in ihre Angelegenheiten. Dabei werden wir es belassen. Das einzige, was ich für euch und eure Freunde tun kann ist, dass ich euch jederzeit Unterschlupf gewähren kann. Ihr könnt euch hier sicher fühlen. Niemand wird euch etwas zu leide tun oder verraten, da bin ich mir völlig sicher. Ich werde meine Entscheidung im Südvolk verbreiten lassen, sodass ihr unbesorgt sein könnt. Ihr müsst mir allerdings versichern, niemals von hier aus gegen die Nordzwissler zu agieren."

„Mein Wort gegen eures." Damit hob Enric die Hand, und schlug ein dann verließen sie erleichtert Bellucs Konferenzraum.

„Ach, was ich noch sagen wollte", rief er den Dreien hinterher, „ihr seid natürlich meine Gäste, Elliac führe sie zum Gästeturm."

„Wir danken dir, deine Großzügigkeit scheint grenzenlos", erwiderte Enric. Bellucs lächelte geschmeichelt und antwortete: „Nicht immer, nicht immer." Dann verließ auch er den Raum.

Im Gegensatz zum gewöhnlichen Volk, hielten die Oberhäupter meist nur kurze, gezielte Ansprachen. Sie beschränkten sich auf das Wesentliche und basta. Diskussionen waren hier fehl am Platz. Das wusste Enric ganz genau und deshalb wandten sie sich ohne weiteres ab, folgten Elliac, der sie in eine Unterkunft brachte, die sie dankbar annahmen. Endlich ein wenig Ruhe, an einem sicheren Ort, das hatte eine besondere Qualität und alle wussten es zu schätzen.

Sie schliefen den restlichen Tag bis in den frühen Morgen. Leo das Energiebündel erwachte als erster. Vorsichtig weckte er Anika und meinte: "Wie schön, dass alles bis jetzt alles geklappt hat. Nun wäre es gut, wir könnten Flucks den Mausvogel rufen und mit ihm zurück fliegen, das würde viel Zeit sparen...."

"Da hast du vollkommen recht", erwiderte Enric, der inzwischen ebenfalls seine Augen geöffnet hielt und Anikas Antwort nicht abwarten konnte.

"Zwar könnten wir auf der linken Seite unsere Lichtburg umgehen, um zu den Unsrigen in die Berge zurückzukehren, aber da gibt es nur einen schmalen, felsigen Pfad, wo andere Wesen leben, die es vorziehen nicht gestört zu werden. Sie sind zwar nicht bösartig oder auf Neckereien aus, wie die Langohrzwerge, trotzdem ist es nicht gerade angenehm, mit ihnen verhandeln zu müssen."

"So wie es aussieht, bleibt uns ohne Flucks kein anderer Weg", ereiferte sich Anika in der Hoffnung um die lange Wanderung herumkommen zu können.

"Das geht nicht, also lasst uns unsere Sachen packen und uns so früh wie möglich auf den Weg machen", ordnete Enric an.

Die Südborg der Zwissler zu verlassen war gar nicht so einfach. Es war nur über eine steile Treppe möglich, die fast senkrecht nach unten durch die Felsen verlief. Der Vorteil, den die Südzwissler davon hatten war nicht zu übersehen. Wollte jemand unbemerkt von außen auf die Südseite gelangen, dann ging das nur über diese eine Treppe, jeder andere Versuch würde an den steilen, glatten Wänden scheitern. Es genügte also eine einzige Wache aufzustellen, die alle 4 Stunden ausgewechselt wurde. Diese Wachen waren bereits von Bellucs Männern unterrichtet worden, dass drei Lichtzwerge und ein Tier auf diese Weise ihre Borg verlassen wollten.

Eine kurze Begrüßung, ein kräftiger Händedruck, ein paar Anweisungen, an die sie sich aus Sicherheitsgründen halten sollten und schon tauchte einer nach dem andern hinter der Borgmauer ab. Greck saß dieses Mal in Anikas Tasche. Ihre Freundschaft hatte sich im Laufe der Tage als unzertrennlich herauskristallisiert.

Die ersten vierzig Meter verliefen fast senkrecht nach unten und ein kurzes Stück sogar durch einen leichten Überhang. Sie spürten es an ihren Umhängetaschen, die von ihrem Rücken weghingen. Wäre an dieser Stelle kein Seil befestigt gewesen, sie hätten nicht gewusst wie sie zu überwinden gewesen wäre. Bald lag dieses gefährliche Stück hinter ihnen und ein langer Ziehweg brachte sie mühelos voran. Ab und zu tauchten kleine Geröllfelder auf, die sie einfach durchsprangen. Leo zeigte ihnen eine Sprungtechnik. Wie Gämsen, mit riesigen Sprüngen hüpfend und abrutschend und völlig außer Atem aber doch lachend, erreichten sie den Fuß des Berges. Jetzt galt es unbemerkt an der Nordseite der Zwisslerborg vorbei zu schleichen. Im Schatten der Felsen, tiefgebückt und manchmal auch auf dem Bauch robbend, entschwanden sie den suchenden Blicken der Wächter. Bis zum Einstieg des schmalen Felspfades vergingen doch noch einige Stunden, dann aber, als sie ihn erreicht hatten, legten sie eine längere Verschnaufpause ein. Staubig und verschwitzt sehnten sie sich nach Wasser und etwas Energienahrung. Beides musste warten. Jeder tief in sich versunken hörten sie ein fernes Donnern. Alle blickten zum Himmel, fanden jedoch keine Anzeichen eines aufkommenden Gewitters. Fragend sahen die Erdenkinder Enric an.

„Was war das für ein Geräusch?" fragten Leo und Anika.

„Ein Bergrutsch, vermutlich versperren uns die Felsnasen den Weg. Sie wollen nicht, dass wir ihr Gebiet queren."

„Was machen wir dann", wollte Anika wissen.

„Wartet", erwiderte Enric. Er steckte einen gekrümmten Finger seiner Hand in den Mund und stieß einen grellen Pfiff aus.

Die Felsnasen

Plötzlich fing es überall an zu rumoren, zu krachen und zu bersten, als ob Steine gesprengt würden. Alle schauten zu den felsigen Abhängen, von wo es so fürchterlich rumpelte. Nichts war zu sehen.

„Ist das ein Erdbeben?" fragte Anika und zog Greck ganz eng an sich. Enric schüttelte den Kopf und meinte nur:

„Wartet ab." Das Krachen von berstenden und rollenden Steinen ertönte immer lauter und doch sah niemand, dass sich auch nur ein Kiesel die Hänge abwärts bewegt hätte. Dann geschah es, Leo und Anika trauten ihren Augen nicht, auch Grecks Fell zitterte ganz aufgeregt. Der Fels schien sich teilweise einfach nur abzulösen. Ganze fünf, sechs Meter hohe Stücke trennten sich aus den Wänden heraus, ohne dass auch nur ein Steinchen abgebröckelt wäre. Die großen Gesteinsbrocken besaßen auf einmal Arme, Hände und Füße und dort, wo der Kopf sitzen sollte, erahnte man langsam die Konturen von langen Felsnasen, Augen und Ohren.

Es war ein seltsames Schauspiel, wie sich etwa vier dieser Felswesen steif auf Anika, Leo, Enrik und Greck zubewegten. Die Erde bebte bei jedem ihrer Schritte. Schon wollten die Vier auf die Seite springen, als die Kolosse anhielten und einer mit einer absolut tiefen Stimme fragte:

„Was wollt ihr hier? Wisst ihr nicht, dass wir hier keine Zwei- und Vierfüßler dulden? Kehrt schnell wieder um, sonst werdet ihr bald unsere Felslücken ausfüllen." Anika erschauerte.

„Felslücken ausfüllen, um Himmelswillen nein!" dachte sie. Enric schien nicht geschockt, deshalb ergriff er sofort das Wort.

„Wir sind in großer Not", begann er, aber der größte der Felsnasen ließ ihn überhaupt nicht weiter sprechen, er sagte energisch:

„In großer Not seid ihr nur, weil ihr diese große Not selbst erschaffen habt, wir sind nicht in großer Not und waren niemals in großer Not. Was interessiert uns also, ob ihr in großer Not seid? Nichts! Also dreht so schnell als möglich um und verschwindet aus dieser Gegend."

„Bitte", Leonard versuchte es noch ein Mal, „bitte, hört uns an, wir sind Lebewesen, die sich bewegen, wir schauen uns die Welt an, wir können nicht wie ihr alles von einem bestimmten Platz aus überblicken, ihr seid uns da weit überlegen. Manchmal geraten wir auf unseren Reisen mit anderen Wesen in Schwierigkeiten, weil wir unterschiedlicher Auffassung sind. Das hängt mit Vielerlei zusammen z.B. besitzen die einen, was die anderen haben und wollen es auch usw."

„Ihr seid komische Wesen, macht euch Probleme wo keine sind, wisst ihr nicht, dass uns nichts gehört, nicht einmal unser eigener Körper. Auch wir Felsen lösen uns irgendwann auf. Wieso seid ihr nicht mit dem zufrieden, was euch gegeben und wenn andere etwas davon haben wollen, dann gebt es ihnen. So einfach sind die Welten gestrickt."

„Das stimmt, auch wir machen Fehler, aber im Augenblick können wir diese Fehler nicht wieder gut machen, wenn ihr uns nicht durch euer Gebiet gehen lasst. Glaubt uns, wir bitten euch", erwiderte Enric.

„Gut, wir sind zwar hart, tragen aber trotzdem ein Herz am rechten Fleck, marschiert durch und lasst uns mit euren Problemen in Ruhe."

Die Erde bebte wieder, als sie in ihre Abdrücke zurück traten. Alles sah aus wie vorher, nur erkannten Anika und Leo jetzt Gesichtszüge im Fels, die bestimmt schon immer da gewesen waren. Auch sahen sie die langen Nasen, die man normalerweise als felsige Vorsprünge erklären würde. Schnell hängten sie ihre Taschen über die Schultern und marschierten eiligen Schrittes den Pfad entlang, Greck immer voraus. Einen halben Tag in der Hitze der Sonne waren sie bereits unterwegs, als ihr Speichel anfing zäh zu werden.

„Wir sollten unbedingt etwas trinken", meinte Anika, als sie im gleichen Augenblick ein munteres Geplätscher vor sich hörten.

„Du bist eine Zauberin", scherzte Leonard, hoffentlich können wir es noch erreichen."

Doch schon als sie um die nächste Felsbiegung spähten, lachten sie befreit auf. Vor ihnen platschte ein munteres Rinnsal den Berg herab, genau über ihren Pfad hinweg. Es hatte den Weg etwas ausgewaschen und sich dort zu einem kleinen Becken verbreitert. Man hätte ohne weiteres durchgehen können, wenn nicht genau in diesem Augenblick, als die Gruppe um den Felsen bog, sich der Strahl von oben plötzlich extrem verstärkt hätte. Wie ein mittlerer Wasserfall brauste das Wasser jetzt den Fels herab und die Vier mussten stehen bleiben und beratschlagen, wie sie dieses Hindernis am besten überwinden konnten.

Der Wässrige

„Bleibt wo ihr seid", zischte es unter den Steinen hervor. „Kehrt wieder um", gurgelte es aus Felsspalten und „Pfah", plätscherte es in Worten aus dem Becken, „hier kommt ihr nicht durch." Leo und Anika rissen Mund und Augen auf. Ein sprechendes Wasser oder hatten sie sich verhört. Enric aber nicht weiter beeindruckt meinte nur etwas lauter:

„Blast euch nicht so auf, wir sind mächtig durstig. Wir könnten etwas von eurem Nass gebrauchen, außerdem besitzen wir die Erlaubnis der Felsnasen, dieses Gebiet zu queren." Das Wasser schien sich an manchen Stellen zusammen zu ziehen und an anderen Stellen aufzublasen. Es entstanden regelrechte Körper, die sich permanent bewegten, in die Länge oder Breite zogen.

„Wir wollen ja nicht so sein, die Felsnasen lassen uns ja auch durch ihr Gebiet und wer bittet, darf sich auch an uns laben, ohne uns kann sowieso kein Wesen existieren." Ein wässriges Wesen erhob sich schillernd, plätschernd aus dem Wasser. Über seinen ganzen Körper liefen kleine Rinnsale. Es bestand praktisch nur aus Wasser. Dann streckte es seine Wasserarme und Wasserhände aus und sprach in einem blubbernden Ton:

„Sagt mal, kenn ich euch nicht? Wart ihr zwei nicht vor einiger Zeit, mit so komischen Luftsäcken in meinem Bach?", er schaute Enric und Leo an.

138

„Ja, aber woher....?" Wollte Leo wissen. Das Wesen unterbrach ihn.

„Wenn wir mit euch Kontakt bekommen, wissen wir gleich Vieles über das, was hier augenblicklich passiert. Ist das das Mädchen, das ihr retten wolltet?" Anikas Mund öffnete sich, ohne einen Ton von sich zu geben.

„Kommt und stillt euren Durst, kann ich euch sonst wie helfen?"

„Ja", erwiderte Enric, „wir wollen auf dem Felsenpfad weiter zurück in unsere Heimat gehen. Wie aber sollen wir diesen Wasserfall durchschreiten, ohne den Abhang hinunter gespült zu werden?"

„Das ist kein Problem, wenn euer Durst gestillt ist, dann lauft einfach weiter." Zögerlich marschierten sie auf das herabstürzende Wasser zu. Plötzlich türmte es sich vor ihnen auf, als ob es über eine Brüstung fließen würde und gab damit den Weg untendurch frei. Schnell liefen die Freunde mit ihrem vorauseilenden Greck hindurch und bedankten sich überschwänglich. „Ihr könntet uns helfen unsere Falschbrüder von unserer Burg zu vertreiben, wüsste aber ehrlich gesagt nicht wie ihr da hoch kommen wolltest."

„Das lasst mal meine Sorge sein, ruft einfach Wasserhein, Wasserhein, Wasserhein, bitte löse dein Versprechen ein! Es wäre dann aber besser, wenn ihr selbst nicht auf der Burg wäret."

139

„Danke, danke" riefen die drei, „das werden wir dir nie vergessen, vielleicht können wir dir auch mal helfen." Mit diesen Worten drehten sie sich um und eilten mit langen Schritten weiter. Sie sahen nicht, wie das Wasserwesen langsam wieder kleiner wurde und sich mit dem Wasser in der Felsrinne vereinte.

„Enric, was es doch für merkwürdige Wesen in eurer Welt gibt, ich bin immer wieder total erstaunt", sagte Anika. „Die meisten von denen gibt es auch in eurer Welt, nur könnt ihr sie nicht sehen. Eure Augen sind zu sehr auf die Grobstofflichkeit eurer Welt gerichtet. So, ich glaube die größten Probleme liegen hinter uns, noch zwei Tage und wir erreichen unsere Freunde."

„Wo Prello bloß stecken mag?" Wollte Leo wissen, er hätte die anderen längst benachrichtigen können."

„Der gute Prello, hoffentlich ist ihm nichts passiert."

Prello ging es gar nicht gut, denn er litt darunter, dass seine Freunde in eine Welt verschwunden waren, von der man nicht sicher war auch wieder zurückkehren zu können. „Anika und Leo sind mutige Erdenkinder", dachte er noch, als er sie in Xeros Höhle verließ. Kurz darauf war es dann geschehen, nichts ahnend tappte er zum zweiten Mal in eine simple Falle, aus der er sich nicht mehr befreien konnte, auch nicht über ein sich selbst Wegwünschen, denn er hatte die Höhle noch nicht verlassen, als die Falle zuschnappte und innerhalb einer Höhle gelang es ihm nie, sich an einen anderen Platz zu materialisieren. Ein glitschiger Stein brachte ihn zum Straucheln und schon schlitterte er seitlich in eine, mit Wasser gefüllte Spalte. Dort angekommen, öffnete sich ein Abflussrohr, in das er hinein gezogen wurde, um ihn in eine andere Höhle zu befördern, direkt in ein Wasserbecken.

Es war seiner nicht würdig, wie sie ihn ansahen. Ihre Hände vor ihre lachenden und prustenden Mündern haltend. Sechs Zwerge saßen bequem auf alten Baumstümpfen und beobachteten ihn, wie er wild um sich schlagend versuchte den Rand des Beckens zu erreichen.

„Na du zehnmal Gescheiter, dachtest du könntest dich davon stehlen. Da unterschätzt du aber unsere Intelligenz." Sein Kinn nach oben gereckt und mit überheblichem Gesichtsausdruck reichte er Prello die Hand und zog das durchnässte Zwerglein auf trockenen Boden. Prello, zunächst nur mit sich und seinem nassen Gewand beschäftigt meinte nur nebenbei:

„Lasst mich in Ruhe, ich will von euch nichts."

„Er will von uns nichts, sagt er, nur ein bisschen herumspionieren, das Kerlchen. Was glaubst du eigentlich mit wem du sprichst? Ich bin Sekrit und denke, dass du uns beim Lichtsteinsuchen von großem Nutzen sein kannst."

Prello ahnte sofort, dass es keinen Sinn machen würde, irgendwelche Geschichten zu erfinden, deshalb antwortete er wahrheitsgetreu:

„Ihr befindet euch auf einem Irrweg, wenn ihr glaubt, dass ich euch helfen kann. Während ihr unsere Burg stürmtet, verdunkelten und verschwanden die

Lichtsteine von ganz alleine. Wir konnten es selbst kaum glauben, als wir welche mitnehmen wollten, fanden wir nur noch völlig normales Gestein vor. Wenn ihr mir nicht glaubt, dann führe ich euch genau zu der Stelle, an der sie sich befanden."

„So, so", erwiderte ihm Sekrit, „das hört sich zwar glaubwürdig an, aber dass Steine einfach so verschwinden können, das habe ich noch nie gehört und deshalb glaube ich, du erzählst gerade ein Märchen und weil ich Märchen nicht liebe, liebe ich auch keine Märchenerzähler, lass dir also ganz schnell eine bessere Geschichte einfallen sonst...."

„Was glaubt ihr, warum ich hier bin? Ich bin hier, weil ich ebenfalls wie ihr einen Ort suche, wo diese Steine eventuell wieder aufgetaucht sind."

„Also gut, mein Lieber, wenn du meinst, dann gehen wir gemeinsam auf die Suche aber zuerst zeigt du uns den ursprünglichen Platz, dann entscheide ich, ob du wirklich die Wahrheit gesagt hast." Prello nickte nur als Antwort. Er ärgerte sich, in so eine dumme Falle getappt zu sein.

Drei Zwerge erhoben sich. Einer von ihnen band Prello die Arme auf den Rücken, dann stießen sie ihn voran in einen engen Tunnel.

„Wohin?" fragte der Zwerg hinter ihm.

„Wir müssen auf die Lichtburg zum Hauptgang, der durch den gesamten Berg von der Burg bis zum Fluss geht."

„Gut", meinte der Zwerg, dann lauf mal immer weiter." Sie marschierten gemeinsam zum Haupteingang und dort angekommen, liefen sie auf dem breiten Weg in die Höhle zum See. Prello kannte sich sofort wieder aus und wurde ganz aufgeregt.

„Jetzt müssen wir nach rechts abbiegen.", Hoffentlich waren die Steine immer noch verschwunden, sonst würde es ihm schlecht ergehen. Seine Angst war unbegründet nach geraumer Zeit standen sie an dem leeren Becken, aus dem das reinigende Nass für die Lichtsteine geflossen war. „Hier", sagte Leo, „in dieses Becken, floss einst das Lichtwasser, es sickerte durch die Felswand vor euch und reinigte die Lichtsteine. Wie ihr seht kommt kein Tropfen mehr durch und keine Lichtsteine sind zu sehen und warum? Das ist eure Aufgabe das zu ergründen, denn genau mit eurem Einmarsch in unsere Burg ist das Wasser versiegt."

„Ich kann keinen einzigen Lichtstein sehen, auch keinen erloschenen, du lügst uns schon wieder eine Geschichte vor, ich habe genug von dir, wir nehmen dich jetzt mit und sperren dich ins Verließ, wo du nicht abhauen kannst."

143

Die Freunde wieder im Versteck

Für den restlichen Weg zum Versteck benötigten sie nur noch zwei Tage, außer ein paar merkwürdigen Vögeln ohne Beine und dreieckigen kurzen Flügeln, die sie durch wildes Flattern und lautem Schreien vertreiben wollten, geschah nichts Besorgniserregendes. Diese Tiere stürzten sich aus großer Höhe senkrecht auf die Gruppe herab und änderten die Richtung erst kurz bevor sie mit ihnen zusammen gestoßen wären. Enric, Anika und Leo zogen oft ihre Köpfe ein, hätten es aber nicht tun brauchen, denn die Vögel waren wahre Flugkünstler.

Sie umliefen in einem großen Bogen ihre alte Burg und da sie die letzten zwei Etappen nur nachts wandern konnten, wurden sie auch nicht von den Spähern der Nordzwissler auf der Lichtburg entdeckt.

Es war eine Riesen-Freude für alle Felsbewohner, als Leo und Patricia mit Enric erschienen. Für viele kam es einem Wunder gleich und sie sprachen sofort von einem Fest, das jetzt abgehalten werden sollte. Als sie jedoch bemerkten, dass Oman und Prello fehlten, wurde es ruhig in den Felsgängen und auf den Sammelplätzen. Ahnon berief eilig eine Versammlung der Weisen ein, an welcher auch Anika und Leo teilnehmen durften.

„Oman hat es geschafft, er hat sein Ziel erreicht und ist im Lichtbereich zurückgeblieben. Er lässt euch alle herzlichst grüßen und wünscht euch ein gutes Gelingen bei der Rückeroberung der Burg. Ich selbst habe mich entschlossen, zurückzukehren. Es war

144

nicht einfach, denn das Licht in mir strahlte schon sehr stark, doch ich wusste, dass ihr mich zurück haben wolltet, deshalb stehe ich jetzt vor euch." Ein lautes Klatschen setzte ein und einige riefen: "Ein Hoch auf unseren Enric." Dann standen sie auf und umarmten ihn einzeln.

"Ohne dich wüssten wir nicht wie weiter. Zum Glück kamen Leonard und Anika von der Erdenwelt zurück und erklärten sich bereit, dich und Oman zu suchen. Wir stehen sehr in ihrer Schuld."

"Nein, nein, sprecht nicht von Schuld, wir haben es gerne für euch getan und vergesst nicht, wir lieben Abenteuer." Beide strahlten und lachten über das ganze Gesicht.

"Ja, dann wollen wir zur Sache kommen", begann Enric. Ich nehme stark an, dass die Zwissler und die Langohrzwerge Prello gefasst haben und zwar noch in den Höhlen der Zwisslerborg, sonst hätte er sich bestimmt gemeldet. Wir brauchen jetzt eine gute listige Idee, um unsere Burg zurückzuerobern. Ich schlage vor, wir ruhen uns zunächst alle aus und treffen uns morgen in der Frühe wieder hier. Ich danke euch für den herzlichen Empfang." Und schon war Enric verschwunden, kurz angebunden wie immer, doch auch zutiefst müde.

Am nächsten Morgen erwachte Leonard durch Anikas leises Rufen.

"Leo, Leo, ich muss dir meinen Traum erzählen, ich glaube er hat eine Bedeutung." Leonard noch nicht ganz wach antwortete:

„Augenblick, lass mich zuerst wach werden", dann streckte er sich und gähnte laut. „Nun, was hast du geträumt?"

„Ich saß in einer Höhle mit vielen Lichtsteinen, ich glaube ich habe die Verantwortung für alle getragen, ich fühlte mich als Hüterin der Steine. Diese Höhle, spüre ich immer noch. Sie lag im Bergmassiv der Lichtburg an einer anderen Stelle. Ihr Ausgang muss auf der südlichen Felsformation liegen, denn die Sonne schien mir am Ausgang entgegen und ich konnte von dort aus über das ganze Land blicken."

„Das müssen wir unbedingt Enric erzählen, vielleicht war dein Traum ein Realtraum", folgerte Leo.

Nur wenig später, als sich wieder alle im Versammlungsraum befanden, erzählte Anika ihren Traum nochmals. Die weisen Zwerge gaben ein erstauntes Gemurmel von sich und flüsterten, dabei blickten sie Anika voller Ehrfurcht an. Enric, der ebenfalls ganz hellhörig geworden war, antwortete:

„Anika, wir wissen zwar noch nicht ganz genau, was dieser Traum für uns bedeutet, aber ich glaube, du spielst auch in Zukunft eine ganz entscheidende Rolle, was diese Lichtsteine anbelangt. Ob diese Höhle, wo du dich mit den Lichtsteinen zusammen gesehen hast, tatsächlich existiert, das steht in den Sternen. Aus dem Trauminhalt wird aber ersichtlich, dass etwas Verborgenes in dir mit den Lichtsteinen korrespondiert." Plötzlich sprang ein Zwerg auf und rief vor Aufregung ohne die Hand zu heben:

„Enric, ich erinnere mich, dass der Vater meines Vaters von einem geheimen Gang wusste, der in eine strahlende Lichthöhle führte. Aus Angst vor Entdeckung, gab er den Durchschlupf nicht bekannt. Die Geschichte wurde daraufhin als Wichtigtuerei abgetan und geriet schnell in Vergessenheit."

„Oho, sagte Enric, „das könnte ein Beweis für die Richtigkeit deines Traumes sein, Anika. Kannst du dich vielleicht noch an irgendeine Einzelheit erinnern?" Anika überlegte lange. Dann antwortete sie:

„Als ich durch die Öffnung über das Land blickte, flogen viele dunkle Vögel vor den Felsen herum."

„Das könnte uns weiter helfen, wenn dort auch ein Nistplatz dieser Vögel wäre", erklärte Enric. „Zunächst wollen wir aber versuchen, mit den Nordzwisslern und den Langohrzwergen zu verhandeln. Wir bieten ihnen einen Teil unserer Lichtsteine an, die wir haben bzw. vielleicht sogar finden werden, jedoch nur unter der Bedingung, dass sie die Steine für friedliche und reinigende Zwecke benützen und nicht für eine persönliche Bereicherung indem sie damit Handel treiben. Wer ist dafür?" Sechs Zwerge hoben die Hand, die anderen enthielten sich der Stimme, sie glaubten nicht wirklich an ein Einlenken der Gegner und auch Leo und Anika glaubten nicht daran. „Gut, entschied Enric, drei von euch versuchen Morgen ihr Glück und auch gehen, jeder mit einer weißen Friedensfahne in der Hand zu Lichtburg, um zu verhandeln. Wer stellt sich dafür zur Verfügung?"

Drei der Zwerge, die gestreckt hatten machten sich am nächsten Tag auf den Weg. Sie wollten bis zum Abend wieder zurück sein, als sie jedoch am Tag darauf und am übernächsten Tag ebenfalls nicht zurückgekehrt waren, war jedem klar, was passiert sein musste.

„Jetzt müssen wir die drei auch noch befreien. Ich kann nur hoffen, dass alle in der gleichen Höhle sitzen und mit dem Zauberstab nicht weg gewünscht wurden, das würde ihre Rettung erleichtern", dachte Enric.

Nun waren wieder Anika und Leo gefragt. Sie konnten wegen ihrer energetischen Verdichtung nicht verwunschen werden, auch Enric, der auf der Rückreise bemerkt hatte, dass er sich in der Welt der Echsen ebenfalls etwas zu stark verdichtet hatte, konnte bei der Befreiungsaktion mitwirken. Viele hielten es für nicht gut, Enric noch einmal der Gefahr einer Gefangennahme auszusetzen, willigten aber schließlich doch ein, denn die Erdenkinder allein zu lassen, wäre bestimmt keine gute Idee gewesen.

Ihr Reiseproviant bestand aus getrockneten Früchten, vielen Kernen, Obst und natürlich den Gewändern, die sie unsichtbar werden ließen. Den Zugang zur Burg wollten sie sich dieses Mal von der Seite her verschaffen, wo die Burg den ganzen Tag von der Sonne bestrahlt wurde. Vielleicht würden sie zufällig den von Anika geträumten Eingang entdecken. Zwei Späher eilten voraus und teilten mit, ob der Weg frei sein würde. Sie schlichen früh morgens an der Aufenthaltsstätte der kleinen Riesen vorbei, die natürlich noch alle schliefen, dann machten sie einen großen Bogen links um die Burg, immer verborgen zwischen Felsbrocken und Sträuchern. Dann arbeiteten sie sich langsam an das Felsmassiv heran und beobachteten dabei aufmerksam die rissigen, aufgeworfenen Felswände. Noch war alles ruhig, nur wenige Vögel flogen zwischen den Bäumen umher, um geeignete Nahrungsplätze zu finden. Die Drei mussten noch etwas warten, vielleicht kämen dann auch die dunklen Vögel zum Vorschein. Langsam beschienen die ersten orangenen Sonnenstrahlen die Felsspitzen. Die Freunde schauten dem alltäglichen Wunder zu. Unaufhaltsam ergriff die Sonne immer mehr Besitz vom Felsen. Als sie etwa die Mitte des Massivs beleuchteten, flogen die ersten Vögel aus ihren Behausungen. Große, schwarze, rabenähnliche Vögel. Anika schrie plötzlich auf:

"Das sind sie, die Vögel die ich gesehen habe. Merkt euch die Stelle, wo sie aus den Felsen abgeflogen sind, vielleicht können wir dort das Geheimnis lüften."

Sechs Augen suchten hoffnungsvoll den einen Punkt, von dem die Raben starteten.

"Ich kann nichts erkennen", sagte Leo, wir müssen hinauf, um mehr Einblick zu bekommen."

"Sagt mal, sind das nicht die gleichen Raben, die uns aus Windhildes Welt geführt haben?" meinte Anika.

„Ich glaube du hast recht, sie müssen etwas mit den Lichtsteinen und den anderen Welten zu tun haben. Vielleicht ist es ihnen möglich mehrere Welten zu durchkreuzen und stammen sogar aus der Lichtwelt, dann wäre es durchaus möglich, dass sie auch in einer Verbindung zu unseren Lichtsteinen stehen." Leo wurde ganz aufgeregt. Enric schaute immer noch interessiert nach oben und nickte bedächtig.

„Leo du hast gute Gedanken. Wir müssen nach oben und nachschauen, ob unsere Vermutungen stimmen. Dieser Aufstieg wird aber schwerer werden, wie alle anderen, wir brauchen auf jeden Fall Seile."

„Wartet", meinte Leo, „wir rufen Flucks, wenn er nichts Besseres zu tun hat, kommt er vielleicht." Leo setzte sich auf den Boden, atmete tief durch und konzentrierte sich auf Flucks immer mit der Frage im Hinterkopf: "Flucks, kannst du uns helfen? Wir benötigen ganz dringend deine Hilfe." Es verging keine halbe Stunde, als sie einen Punkt am Himmel wahrnahmen, der sich langsam näherte. Es war Flucks. Mit seinen weiten Flügeln schwebte er daher, wie ein König der Lüfte. Spiralförmig kreiste er herab und als er vor den kleinen Leuten aufsetzte meinte er nur:

„Steigt schon auf, bedanken könnt ihr euch später, habe zufällig etwas Zeit." Und als sie sich in die Lüfte erhoben, äußerte er sich gedanklich: „Wo soll ich euch absetzen?" Leonard, Anika und Enric fingen gerade erst an den Flug zu genießen, da wurden sie auch schon wieder in ihre wahre Realität zurück geholt.

„Schau bitte, dort, wo die Raben fliegen muss ein versteckter Höhleneingang sein, da möchten wir gerne hin", empfahl ihm Leonard. Trotz seiner scharfen Augen konnte Flucks nichts erkennen und nur weil die Raben sich beobachtet fühlten und in der Wand verschwanden, sahen sie alle den gesuchten Punkt.

„Ein illusorisch versteckter Punkt", sagte Enric, „fliege bitte an diese Stelle." Flucks tat wie ihm geheißen, kam aber nicht so nahe heran, damit Enric die Stelle testen konnte. Ein paar Flügelschläge daneben jedoch fand Flucks einen kleinen Landeplatz, wo er alle absetzte.

„Ich muss weiter", teilte er über seine Gedanken mit und schon glitt er vom Felsen und mit einer beeindruckend, eleganten Schleife verabschiedete er sich.

„Dieser Flucks, nicht zu glauben, nimmt sich keine Zeit um sich richtig zu verabschieden."

Die Traumwirklichkeit

„Wir sind noch nicht viel weiter", erklärte Enric „oder seht ihr eine Möglichkeit zu jener Stelle zu gelangen, in der die Raben verschwunden sind?"

„Du hast recht aber vielleicht hilft uns dieser Riss weiter, vielleicht besteht eine innere Verbindung zu jenem Eingang", erwiderte Leo. Einer nach dem anderen zwängte sich hindurch und tatsächlich der Riss lief in Richtung des versteckten Einganges. Er verengte sich so stark, dass sie sich nur noch mit Müh und Not in den gesuchten Gang zwängen konnten. Sofort zeterten und krächzten die Raben und verließen bis auf einen alle die Höhle. Anika stammelte:

„Da, das ist die Höhle, die ich im Traum gesehen habe, genau hier stand ich und schaute über das ganze Land. Die Sonne schien mir, wie auch jetzt im Augenblick ins Gesicht.

„Ich weiß", äußerte sich der zurück gebliebene Rabe gedanklich, „ich habe ihn dir geschickt. Du bist unsere Hüterin der Steine. Du kannst dich nicht mehr erinnern, aber du warst in deinen Träumen von der Erde aus schon öfter hier. Die Steine lassen sich nur finden, wenn man vertraut und nichts Böses im Schilde führt. Ihr bekommt eure Burg zurück aber nur unter der Bedingung, dass ihr den Zwisslern helft die Steine auf ihrer eigenen Borg zu finden. Alleine wird es ihnen nicht gelingen. Sie benötigen sie, um sich weiterentwickeln zu können. Das kann auf eine Art sein, die ihr nicht unbedingt akzeptieren werdet. Aber es muss sein. Du weißt es Anika, du musst versu-

152

chen, sie zu überzeugen und Entscheidungen fällen. Männer dürfen sich nicht einmischen." Enric wurde ganz hellhörig.

„Sie ist doch noch viel zu jung, lieber Rabe", meinte er. „Sie braucht sicher Hilfe."

„Nein, braucht sie nicht. In ihr steckt eine uralte Seele, die schon viele Welten besuchte, auch ihr Freund Leo war schon hier, aber sie, mit ihrer weiblichen Energie besitzt einen perfekten Zugang zu den Steinen. Wir Raben, helfen ihr, auch wir sind Grenzüberschreiter und kennen uns mit Lichtsteinen bestens aus."

Anika war zunächst sprachlos, hörte dann aber eine Stimme in sich, die dem Raben in allem zustimmte:

„Geht diesen Gang weiter, dann stoßt ihr auf die Lichtsteine. Es sind nicht dieselben, wie die, in eurer ehemaligen Höhle, sie waren schon immer hier und haben auf euch gewartet." Leo schüttelte ungläubig seinen Kopf.

„Wir kommen doch von der Erde, das kann doch alles nicht wahr sein."

„Warte ab", riet der Rabe, „auch du wirst dich bald an immer mehr erinnern können."

Schon von Weitem strahlte ihnen die neue Lichtsteinhöhle um mehrere Ecken entgegen. Dann lag sie vor ihnen. Die Helligkeit war umwerfend. Leo und Anika hielten sich die Augen zu und drehten sich mit dem Rücken zu den Steinen.

„Wir werden einen Zugang zum Wasser aus der Lichtwelt öffnen. Es wird sich einen Weg in eure alte Höhle zu suchen damit es wieder die verblassten Lichtsteine durchspülen kann. Dort wird dann wieder alles so wie es immer war. Jetzt aber zeige ich euch einen Weg, der zu euren Gegnern führt. Kluges Verhandeln ist jetzt von größter Wichtigkeit."

Mit diesen Worten flog er auf und verschwand gleich darauf in der Wand. Leo zögerte nicht lange und folgte dem Raben, die Hand nach vorne haltend. Tatsächlich schon wieder eine unsichtbare illusionistische Abzweigung. Im Eiltempo marschierten sie dem Raben hinterher.

"Wir können nicht so schnell wie du, nimm bitte ein bisschen Rücksicht auf uns", rief Leo dem Raben nach. Dieser reagierte nur dadurch, dass er sich ab und zu hinsetzte. Sobald sie jedoch aufgeschlossen hatten, flog er auch schon munter weiter. Nur einmal gelang es Leo den Raben einzuholen und zu fragen:

„Warum habt ihr Raben einen so langen, gebogenen Schnabel?" Worauf er die Antwort erhielt: „Wir benötigen ihn, um das Wasser zwischen den Steinen zu befreien."

Endlich erblickten sie die große Holztür, die sie aus den Höhlengängen zur Burg führen würde.

„Endlich", stöhnte Anika. „Was sollen wir diesem Branak nur erzählen?"

„Lass das meine Sorge sein", erwiderte Enric. Als er die Türe öffnete, verabschiedete sich der Rabe mit einem lauten Krächzen und rief Anika noch einmal zu:

„Vergiss deinen Auftrag nicht." Anika schaute verwundert zu Enric und sagte:

„Ich habe keine Ahnung, was dieser Rabe meint."

„Ich auch nicht", gab Enric ohne Weiteres zu, „bleib einfach in meiner Nähe, vielleicht fällt dir während der Besprechung etwas Intuitives ein."

Mit einem lauten Quietschen öffnete sich die Türe, niemand war zu sehen, nur auf der Mauer patrollierten einige Wächter. Die Umhänge, die die drei unsichtbar gemacht hätten, ließen sie mit Absicht in ihren Taschen. Langsam schritt die Truppe zum Versammlungsbrunnen. Dort angekommen, setzte sich Enric auf den Brunnenrand und rief laut:

„Branak, wir, die Lichtzwerge sind hier, wir wollen mit dir verhandeln." Natürlich konnte sie Branak nicht hören, aber die Kunde der Lichtzwerge verbreitete sich schneller als ein Bote hätte laufen können. Schon nach kurzer Zeit erschien Branak mit großem Gefolge. Zwei Zwerge trugen einen Zauberstab.

„Wer seid ihr? Was wollt ihr? Wer ließ euch auf die Burg?" sprudelte es aufgeregt aus Branaks Mund, nehmt sie fest."

„Langsam, langsam Branak", ertönte plötzlich Anikas Stimme. „Du kennst mich. Glaubst du wirklich, ich bin hier her gekommen um mich erneut festnehmen zu lassen? Wie dumm müsste ich sein? Wie du

155

siehst, befindet sich auch Enric wieder unter den Lichtzwergen, euer Zauberstab ist doch nicht so allmächtig wie ihr geglaubt habt." Lautes Gemurmel unterbrach Anikas Redefluss.

„Was wollt ihr?" fragte Branak erneut, dieses Mal aber etwas vorsichtiger, eher lauernd.

„Wie du siehst, ist es uns möglich, unbemerkt auf unsere Burg zurückzukehren. Wir wollen aber keinen Kampf mit euch durchführen. Kriege haben außer Leid noch nie etwas gebracht, nur immer wieder neues Leid gesät. Wir wollen dir und deinem Volk einen Vorschlag unterbreiten."

„Einen Vorschlag, nur weil ihr euch irgendwie auf unsere Burg geschlichen habt? Dass ich nicht lache, ihr seid meine Gefangenen."

„Reize nicht die Elemente, sie unterstützen unseren Vorschlag." Branak fing an laut zu lachen und seine Helfer stimmten mit ein. Anika rief ohne zu zögern:

„Wasserhein, Wasserhein, lass das Wasser rein." Niemand konnte die Worte richtig hören, zu laut erklang das Lachen der Zwissler. Erst als der Brunnen anfing Wasser in alle Richtungen zu speien und in Sekundenschnelle überlief und nicht mehr aufhören wollte, versiegten die Lachtränen in den Gesichtern und die ersten Kummerfalten zeigten sich.

„Mit euren Zaubertricks könnt ihr jemand anderen erschrecken ich...." Er kam nicht mehr dazu neue Worte zu finden. Der Trog des Brunnens schwappte über und über. Das Wasser lief über den ganzen Platz

156

und immer neues folgte. Langsam wurde es auch Branak mulmig:

„Lasst das, eure komischen Spielchen können euch nicht retten." Seine Worte tönten schon viel kleinlauter und als ihm niemand antwortete schrie er schroff:

„Also gut haltet das Wasser an!" Immer noch rührte sich niemand. „Gut", meinte er dann. Das Wasser staute sich bereits an der Burgmauer und schwappte zurück, „lasst euren Vorschlag hören." Jetzt murmelte Anika wieder:

„Wasserhein, Wasserhein, lass es sein." Prompt stoppte der Wasserfluss und Anika überließ Enric das Vortragen ihrer Friedensmission.

„Wir kommen wirklich um Frieden zu schließen", begann Enric „und machen euch folgendes Angebot. Wir wissen, dass es auf eurer Burg ebenfalls Lichtsteine gibt, fast mehr als bei uns. Wenn wir euch helfen sie zu finden, werdet ihr dann wieder unsere Burg an uns zurückgeben? Das wäre Bedingung. Wir würden mit euch für immer Frieden schließen und euch keine Vorschriften mehr machen, wie ihr mit den Steinen umzugehen habt."

Anikas neue Eigenschaften

„Auf unserer alten Burg soll es Lichtsteine geben? Wieso haben wir dann keine gefunden? Und wieso wollt gerade ihr sie finden, wo ihr unsere Burg überhaupt nicht kennt?"

„Ich kenne sie, sogar sehr gut", antwortete Anika selbstbewusst. „Ich weiß wo die Lichtsteine in eurer Borg zu finden sind. Die Zeit war noch nicht reif genug, aber jetzt ist es soweit, nicht nur die Lichtzwerge oder ihr Zwissler werdet in Zukunft Lichtsteine besitzen, sondern allen Wesen auf unserer Welt werden sie zugängig sein."

„Träume ich oder was erzählst du da, du Wasserzauberin?"

„Ich sage dir die Wahrheit, ich spüre sie ganz tief in meinem Inneren." Branak, dem man sein Misstrauen und Unglauben erneut auf seinem Gesicht anmerken konnte meinte:

„Du verlangst viel von mir, woher soll ich wissen, dass das alles stimmt und kein Trick ist? Vielleicht schleichen sich im Augenblick noch andere auf die Burg, um uns zu überwältigen?"

„Nehmt sie fest, ich habe genug Unfug gehört und mit eurem Wasserspielchen lass ich mich nicht erpressen." Schon liefen die ersten Wächter auf sie zu, als Anika murmelte:

„Windhilde, Windhilde, Hilfe, Hilfe." Kaum war der letzte Buchstabe von ihren Lippen, als ein mächtiger Windstoß die Männer umwarf. Niemand wusste genau

158

wo er herkam, er flößte aber so viel Respekt ein, dass sich niemand mehr getraute auch nur einen Fuß vor den anderen zu setzen.

Jetzt erst glaubte Branak verstanden zu haben.

„Du bist eine Göttin", rief er, beugte sein Haupt und seine Begleiter taten es ihm nach, auch sie schienen endlich begriffen zu haben.

Anika voll die Situation nützend sprach: „Damit ich dir endlich vertrauen kann, erwarte ich, dass du den gefangenen Lichtzwerg sofort frei lässt. Er wird uns bei der Suche der Lichtsteine auf deiner Burg helfen." Branak nickte nur mit dem Kopf und wies einen Wächter, der viele Schlüssel um seinen Leib trug an, Prello frei zu lassen.

„Gut, ich will dir glauben, du hast mich und unser Volk überzeugt, dass ihr es ehrlich meint, morgen früh gehen wir zur Zwisslerburg und suchen nach unseren Lichtsteinen. Zeigt ihnen ihre Quartiere, die besten, die wir haben und behandelt sie wie Freunde", gab er großspurig von sich. Prello, voll Freude, konnte sich gerade so beherrschen um nicht los zu jubeln, und Leo starrte verwirrt und ungläubig auf Anika. Wie hatte sie es fertig gebracht, diese Verhandlung so zu führen, dass sie Erfolg gehabt hatte. Stimmte es etwa, was der Rabe mitgeteilt hatte? Ganz in Gedanken versunken begleitete er Enric und Anika zur Unterkunft und dann geschah es. Später erklärte er es Anika und Enric so:

„Ich hatte plötzlich das Gefühl, ein Lichtkanal würde sich in mir öffnen. Ich wurde von einer unglaubli-

159

chen Helligkeit durchflutet, die genauso schnell wieder verschwand, wie sie kam. Es blieb aber etwas zurück. Ich konnte mich plötzlich an viele Leben erinnern, die Anika und ich miteinander verbrachten. Zum Teil hier im Zwergenreich und zum Teil auf der Erde. Auch du Enric, bist in diesen Erinnerungen immer wieder aufgetaucht. Wir kennen uns schon lange, alle drei und wir waren schon immer auch sehr eng befreundet. Anika hatte oft die Gabe einer Seherin und war mit anderen Welten verbunden. Sie ist tatsächlich eine kleine Göttin aus der Sicht einfacher Wesen." Enric, überhaupt nicht erstaunt, meinte:

„Ich freue mich, dass du dich öffnest, seit ich die Lichtwelt besuchte, kenne auch ich unsere freundschaftlichen Bande. Sie sind so fest miteinander verknüpft, dass sie vermutlich ewig halten. Warte ab, es wird sich in dir noch mehr tun, wie auch in Anika. Ich denke, sie wird uns genau an die Stelle führen, wo die Lichtsteine sitzen. Wir brauchen uns keine Sorgen zu machen." Anika, die den Rest der Unterhaltung mitbekommen hatte sagte nur:

„Wie schön zu wissen, dass ich nicht alleine bin mit meinem Wissen. Trotzdem sollten wir vorsichtig sein, Branak ist nicht zu trauen. Sein Denken ist ganz auf Macht und Gewinn ausgerichtet. Er erinnert mich an geldsüchtige Menschen, die nie genug bekommen. Vielleicht darf er in seinem nächsten Leben noch einmal das Menschsein erfahren. Wenn er beide Burgen haben will, um seine Machtgelüste zu befriedigen, dann benötigen wir nochmals Wasserhein, Windhilde oder die Weisheit der Raben, aber warten wir es ab. Jeder hat eine Chance auf Veränderung."

Alle vier, einschließlich Greck fielen in einen tiefen Schlaf, aus dem sie von der ungeduldigen Stimme eines Wächters aufgeweckt wurden.

„Macht euch bereit, auf dem Tisch liegt etwas zum Stärken, dann kommt mit, ich warte vor der Türe." Prello, inzwischen seelisch wieder ganz hergestellt verabschiedete sich von der Gruppe:

„Ich muss zu unserem Volk, ich habe solche Sehnsucht nach meinem zu Hause, bitte seid mir nicht böse." Enric lächelte nur und Leonard und Anika wünschten ihm alles Gute.

„Berichte Ahnon von unseren Fortschritten", ergänzte Anika und küsste ihn auf die Wange, „bis bald Prello." Prello, ganz aufgelöst und verlegen von Anikas spontaner Zuwendung, hob nur noch die Hand und fort war er.

„Es wird mir ein ewiges Rätsel bleiben, wie man sich so schnell in Luft auflösen kann. Vielleicht schaffen wir das auch irgendwann einmal", sinnierte Leo vor sich hin.

Der Echsenflug

„Ah, hat sich euer Freund schon abgesetzt?" fragte Branak, als sie ihn erreichten. Er stand von mehreren Getreuen umgeben am Brunnen.

„Wir reiten auf unseren Flugechsen zur Burg, das geht schneller."

„Wieso besitzt ihr Flugechsen? Niemand auf dieser Welt kann irgendwelche Wesen für seine Zwecke benutzen", stellt Enric erzürnt fest. Branak lächelte vielwissend.

„Wenn man weiß wie sie zu zähmen sind", antwortete er geheimnisvoll mit einem Ausdruck von gerissener Pfiffigkeit im Gesicht. In einer großen Höhle, die den Lichtzwergen ursprünglich als Lager diente, erfuhren sie, was Branak unter Zähmung verstand. Vier Echsen lagen an Ketten gefesselt auf dem Boden und blickten traurig den Ankömmlingen entgegen.

„Wir tun euch nichts, wir sind selbst Gefangene und werden die Burg und euch bald von Branak befreien." Anika musste diese Gedankenbotschaft sofort absenden, ihr Mitgefühl hätte sie sonst überwältigt. Der Blick der Echsen änderte sich schlagartig von traurig auf hoffnungsvoll, dann strömten jede Menge Gedanken auf Anika ein.

„Sie haben kein Recht uns so zu behandeln. Nur mit ihren Zauberstäben, gelingt es ihnen uns zu beherrschen. Wenn ihr uns wirklich helfen wollt, dann müsst ihr unser Halsband zerstören." Abrupt brach der Gedankenfluss ab. Offensichtlich ahnte Branak etwas und wollte sich einklinken. Er kam aber leider zu spät auf diese Idee, und musste sich mit dem zufrieden geben was er sah. Das war nicht viel aber es ärgerte ihn, dass Anika und Leo den Echsen über den Kopf strichen.

„Nun steigt schon auf, ihr Drei auf den einen und ich auf den anderen. Haltet euch an den Zügeln fest. Die Kette schnappte schlagartig auf, als ein Zauberstab auf sie gerichtet wurde. Die Flugechsen erhoben sich, watschelten zum Ausgang und stürzten mit ihrer Last in die Tiefe. Branak flog mit seiner Echse voraus. In mehreren Kreisen erreichten sie die Höhe, die sie für den Direktflug zur Zwisslerborg benötigten.

Wieder bestaunten Anika und Leonard die Welt der Pflanzen und Fabeltiere im Zwergenreich von oben. Das Licht, das sie umströmte war viel intensiver als auf der Erde. Glücklicherweise hatten sich ihre Augen daran gewöhnt, doch auch ihr Körper schien sich verändert zu haben. Er war heller und weicher geworden. Beide spürten diese Veränderung nicht, wunderten sich aber über ihre eigenen Ideen, die nur so sprudelten und ihre körperliche Empfindlichkeit, die sie Vieles spüren ließ, was zuvor völlig undenkbar gewesen war. So erfassten sie körperlich viel mehr von ihrer Umgebung. Oft spürten sie ein ganz besonderes Prickeln oder leichtes Ziehen in sich, wenn sie an den großen Bäumen vorbei flogen. Diese Bäume mit ihren breiten, fleischigen Blättern schienen diese Welt zu beherrschen. Überall sah man sie, von ganz klein bis zu riesengroß. In ihnen und um sie herum existierte ein eigenes kleines Universum. Viele Tiere

163

verbrachten ihr ganzes Leben in diesen Bäumen, ernährten sich von ihnen und pflanzten sich dort auch fort. Jeder Baum besaß einen eigenen Lebensrhythmus und einen eigenen biologischen Kreislauf, der die unterschiedlichsten Tiere anzog. Sie verliehen ihrer Zwischenwelt einen ganz eigenen Charakter. Leo und Anika konnten sich daran nicht genug sattsehen und es entstand dadurch eine unsichtbare Beziehung zu den Bäumen, als ob sie selbst zum Kreislauf gehören würden.

Auf der Zwisslerborg angekommen, fragte Anika:

„Wo habt ihr eigentlich die Langohrzwerge und die kleinen Riesen gelassen? Wir konnten keine auf der Burg sehen."

„Sie sind unausstehlich, deshalb haben wir sie wieder mit dem Versprechen nach Hause geschickt, ihnen so viele Lichtsteine zukommen zu lassen wie sie wollen, natürlich erst, wenn wir sie gefunden haben."

Branak lachte. „Sie fühlten sich bei uns auch nicht wirklich wohl und waren sehr enttäuscht, als wir unser Versprechen nicht einlösen konnten. Sie warnten uns, was natürlich lächerlich war, denn sie können uns das Wasser nicht reichen." Enric, Anika und Leo dachten sich ihren Teil. Die Zwissler besaßen immer noch die gleiche Gier und Überheblichkeit, wie eh und je. Es gab nur wenig Hoffnung für ein Umdenken.

Ohne abzuwarten übernahm Anika von sich aus das Kommando vor:

„Wenn ihr mir nun alle folgen wollt?" Ohne die erstaunte Bevölkerung, die sich von Sekunde zu Sekunde vermehrte zu beachten, lief sie zum großen Durchgang, der die Nordseite mit der Südseite verband. Branak mit seinem Gefolge eilte hinterher ohne Leo, Enric und Greck, der aus Leonards Tasche schaute, weiter zu bewachen.

Anika kannte die Stelle nicht, sie spürte die Lichtsteine in sich und benutzte Gänge, die ihr völlig fremd erschienen, wie ein Tier, das seinem Instinkt folgt. Dieses Wissen um die Lichtsteine öffnete sich in ihr immer mehr, es stammte tatsächlich aus ihren vielen früheren Leben in dieser Welt. Auch die kleinen Höhlendrachen, die sie durch ihr spontanes Vorgehen in dunklen Ecken aufstöberte, konnten sie nicht mehr erschrecken. Einem dünnen, vielgliedrigen Wesen, das sich ihnen in den Weg stellte und bedrohlich seinen Zangen ausfuhr, begegnete sie nur mit einem kurzen scharfen Blick und schon verschwand es wieder in einer Felsspalte.

Nach einer mehrstündigen Wanderung durch das Bergmassiv gelangte die Truppe an einen See, den Leonard und Anika sofort wieder erkannten. In ihm waren ihnen Xeros begegnet. Beide hofften, dass er sich jetzt nur nicht zeigen würde. Aber ihre Angst war unbegründet, Xeros hielt sich derzeit im Lande des Lichtes auf.

Branak der Hinterhältige

Anika spürte diese Lichtsteine immer stärker in sich. Besonders ihr Herz schien sich danach zu sehnen. Sie wendete sich einem winzigen Gang zu, der vollkommen im Verborgenen lag. Sie schlüpfte hindurch, bevor es überhaupt jemand beobachten konnte, denn alle starrten wie fasziniert auf den mystischen, von einem milchigen Licht umgebenen See.

„Wo ist sie!" schrie Branak, „sie ist geflüchtet. Betrug, Betrug, ich wusste es, sie erzählt nur Märchen." Mit wilden Augen suchte er in der sonst dunklen Höhle nach einem Versteck, als er dann ihre auffordernde Stimme vernahm:

„Hierher, ihr müsst hierherkommen und durch diesen Spalt schlüpfen", beruhigte er sich spontan. Seine Gesichtsfarbe, hätte man sie gesehen, wechselte von dunkelrot auf normal. Er stammelte:

„Hab mich vielleicht doch getäuscht." Einer nach dem anderen schlüpften hindurch, bis auf Leo, er traute dem Frieden überhaupt nicht und da Branak jetzt, so kurz vor der Entdeckung der Steine sowieso die Übersicht über die Gruppe zu verlieren drohte, versteckte er sich in einer Felsnische.

Die kleine Höhle, die die Zwerge erreichten zog die Aufmerksamkeit aller Anwesenden auf sich. Jeder bestaunte die Pracht an herrlichsten Kristallen, die überall in den Felsen zum Vorschein traten. Sie spiegelten sich in Branaks gierigen Augen. Sein Gehirn arbeitete wieselflink. Er musste die anderen so schnell wie möglich loswerden, dann gehörte ihm das alles alleine. Zuerst wollte er sich aber noch von der Anwesenheit der Lichtsteine auf der Lichtburg überzeugen. Freundlich aber mit einem misstrauischen Gesichtsausdruck, meinte er:

„Gut, du hattest recht aber wie sieht es auf der Lichtburg aus? Gibt es nun dort auch wieder Lichtsteine?"

„Die Lichtsteine leuchten nun auch an dem Ort wieder, den wir euch gezeigt haben", antwortete Anika.

„Und du glaubst also, nur du allein kannst sie zum Leuchten und zum Erlöschen bringen?" fragte er tiefgründig.

„Nein, das kann ich natürlich nicht, aber ich kann euch versprechen, dass sie niemals wieder verschwinden werden. Frag mich nicht warum, ich weiß es einfach." Während Anika Enric erklärte, wie man die Steine brechen müsste, damit neue nachwachsen würden, zogen sich Branak mit seinen Männern unbemerkt zurück. Einer richtete seinen Zauberstab auf Enric, hatte aber keinen Erfolg damit, denn Enrics energetisch verdichteter Körper reagierte immer noch nicht auf Verwünschungen. Die Zwissler schlüpften flugs aus dem Riss und rollten mit Hilfe des zweiten Zauberstabes mehrere Felsen vor den Durchgang. Den zweiten Stab hatte der andere Zwerg voller Wut in den See geworfen, denn er hatte gedacht, dass dieser seine Wirkung verloren hätte. Trotzdem glaubten sie, dass es Anika, Leo und Enric nicht gelingen würde jemals wieder herauszukommen.

„Wir werden alles überprüfen!" schrie Branak in eine Lücke, „ihr dummen Lichtzwerge. Danach nehmen wir euch gefangen. Jetzt gehören uns alle Steine, ihr habt sie uns lange genug vorenthalten, das habt ihr jetzt davon." Mit diesen Worten verließ er die Höhle des Sees und machte sich auf den Weg zurück zur Borg. Leo, der alles abseits im Schatten mit verfolgte war wenig erstaunt über die Heimtücke Branaks. Er machte sich sofort daran mit seinen Freunden Verbindung aufzunehmen.

„Du musst Xeros rufen", riet Anika durch die Felsbrocken, „er wird uns helfen."

„Das brauchst du gar nicht erst zu tun, ich bin schon hier, gleich helfe ich euch." Mit diesen Worten schlängelte er sich, den ins Wasser geworfene Zauberstab in einer Klaue haltend, aus dem Wasser, an dem verdutzten Leo vorbei. Er benötigte nur zwei kräftige Schwanzschläge, um die Brocken auseinander zu sprengen. Die drei bedankten sich für die schnelle Hilfe und Anika fragte ihn:

„Xeros, was können wir tun, um den ungläubigen Zwisslern zu helfen?"

„Geht zurück und wartet einfach ab. Vieles wird sich von alleine klären. Viele Süd- und auch Nordzwissler wollen endlich ein friedlicheres Zusammenleben mit eurem Volk und vergesst diesen Zauberstab nicht mitzunehmen." Mit diesen Worten versank er wieder im See, tauchte aber noch einmal kurz auf und rief Enric zu:

„Oman lässt dich grüßen, er wartet auf dich, ganz egal, wie lange du auch noch weg bist."

Enric total beschwingt über diese Nachricht, führte die kleine Gruppe wieder zum Verbindungsweg zwischen Nord und Süd zurück. Dort ging er mutig mit einer Idee im Hinterkopf in Richtung Nordseite weiter.

„Wenn wir uns beeilen, können wir die Zwissler überlisten. Bestimmt beraten sie sich im hohen Turm. Wir befreien die Flugechsen und fliegen mit ihnen zurück."

Der Rückflug

Das ganze Unternehmen verlief tatsächlich so einfach, wie es sich Enric ausgedacht hatte. Die einzige kleinere Schwierigkeit bestand im Lösen der Ketten und Halsbänder, die Leo alleine nicht öffnen konnte, bis Enric den Zauberstab nahm und sie gedanklich sprengte. Die Drachen, so erfreut über ihre Befreiung, flogen sofort los, bis auf einen, der sich als dankbar erweisen wollte. Er ließ alle aufsitzen und ab ging es.

Die Flugechse hatte die überglücklichen Drei wieder bei den Behausungen der Lichtzwerge in den Bergen abgesetzt und war schnellstens weitergeflogen. Sie wollte nicht einmal mehr auf das Dankeschön antworten, so eilig hatte sie es wegzukommen. Niemand würde erfahren, wohin sie geflogen war und niemand von den Zwergen würde sie jemals wieder sehen, das hatte die Echse sich geschworen.

Branak und seine Gefährten hatten natürlich keine Ahnung von dieser Befreiung, sie glaubten, ihren Drachen wäre es irgendwie selbst gelungen, doch als sie zur Lichtsteinhöhle zurück marschierten, um den Lichtzwerg einschließlich die Erdlinge gefangen zu nehmen und einzusperren, verstanden sie den wahren Grund der gelungenen Flucht ihrer Flugechsen.

„Macht nichts!" schrie Branak trotzig, „wir besitzen immer noch die Lichtsteine hier auf unserer Borg und auch die an der Lichtburg. Wir sind die wahren Herrscher!" Seine Wächter nickten alle beifällig mit ihren einfältigen, dümmlichen Gesichtern, ohne dabei das bisschen Verstand in ihren Köpfen durcheinander zu bringen.

Enric, Anika und Leo glaubten, dass die Probleme der Lichtzwerge jetzt erst richtig beginnen würden. Wie sollten sie letztendlich wieder die Lichtburg zurückerobern? Schon das Wort „erobern" passte nicht und die Menschen waren im Führen von Auseinandersetzungen noch nie ihre Vorbilder gewesen. Sie besaßen keine Waffen und wollten auch keine neuen erfinden. Mit ihrem Bewusstsein machte es einfach keinen Sinn. Schon allein der Gedanke an eine Herstellung war verpönt. Diese Welt, in der sie lebten, war eine Welt der Energien, eine feinstoffliche Welt, was hätten sie da auch schon mit Waffen von der Erde anfangen können. Die Zauberstäbe der Zwissler strahlten schon eher etwas Gefährliches aus, nichts Lebensbedrohliches aber wollte schon in eine der vielen anderen Welten geschickt werden, in denen man sich überhaupt nicht auskannte und aus welchen man vielleicht erst nach Jahren wieder zurück fand?

Diese Zauberstäbe gehörten auch nicht wirklich den Zwisslern, sie hatten sie den Quellfeen gestohlen, die sich wiederum mit ihrer Hilfe in ganz bestimmten Welten aufhalten konnten. Niemals hätten die Feen sie für andere Zwecke benutzt.

Zwei der sechs Stäbe, die im Besitz der Zwissler waren, konnten ihnen die Lichtzwerge abluchsen. Einen hatte ein Wächter weggeworfen. Einen hatte Prelo einem Wächter abgenommen, während dieser schlief, später leider allerdings selbst weggeworfen.

Den Stab, der von einem Wächter ins Wasser geworfen worden war, hatte Xeros heraus gefischt und Enric überreicht. Mit Hilfe dieses einen Stabes bestünde, wenn man vorsichtig und trickreich vorginge, theoretisch die Möglichkeit, die Zwissler langsam zu bezwingen, aber es lag ihnen fern, irgendein Wesen damit zu manipulieren, auch wenn sie augenblicklich ihre schlimmsten Gegner waren. Waffen in Form von Zauberstäben einzusetzen ließ sich mit der bewussten, geistigen Entwicklung der Lichtzwerge nicht vereinbaren.

„Aber, wie wäre es, wenn wir mit unserem einen Lichtstab die restlichen vier Stäbe der Zwissler verschwinden lassen würden und die Quellnymphen zur besseren Umsicht ermahnten?" fragte Leonard während einer Sitzung den Rat der Weisen.

Die Weisen lächelten und Enric nickte bejahend.

„Kein schlechter Vorschlag und ein gefährlicher noch oben drein", meinte er. „Aber wer würde sich dafür zur Verfügung stellen? Ich glaube, ich benötige als Erstes eine Pause. Meine körperliche Konstellation ist zu schwer, ich möchte sie über Meditation wieder in ihren ursprünglichen Zustand versetzen."

„Ein weiteres Problem ist, dass Anika und ich wieder nach Hause müssen, unsere Eltern werden sich schon große Sorgen machen. Danach würden wir beide euch wieder sehr gerne helfen", schob sich Leo dazwischen. Auch Prello, der inzwischen im Rat der Weisen aufgenommen worden war, meldete sich zu Wort:

„Ich bin auf jeden Fall wieder dabei und werde auf euch warten."

Enric schlug Anika und Leo vor, sie nach Hause zu begleiten, damit er ihre Eltern kennenlernen und mit ihnen sprechen konnte. Beide nahmen die Idee Enrics dankbar an.

„Gut", beendete Ahnon die Sitzung, „wir werden warten, bis ihr zurück seid, dann sehen wir weiter."

Branak zurück auf der Lichtburg

Auf der von den Zwisslern besetzten Lichtburg herrschte großes Chaos. Branak, mit seinen Wächtern nach einem langen Marsch durch die Berge endlich wieder in der Lichtburg angekommen, benahm sich wie ein Tobsüchtiger. Er verstärkte seine Wachen auf den Mauertürmen und riet jedem ganz besonders aufzupassen:

„Wenn einer nicht gehorcht, schicke ich ihn in eine andere Welt!" Die Zwissler waren es eigentlich nicht gewohnt, Befehle hundertprozentig auszuführen, auf diese Drohung aber reagierten sie eingeschüchtert. Sie brachten es tatsächlich fertig, während ihrer Bewachungszeit nicht einzuschlafen. Branak behielt ab sofort immer sämtliche Stäbe bei sich. Anika, Enric und Leo hatten ihm doch gehörigen Respekt eingeflößt. „Nein", sprach er mit sich, „diese Burg gebe ich nicht mehr zurück. Sie werden meine Macht schon noch anerkennen und sich mir unterwerfen. Alle Wesen auf unserer Welt werden es tun müssen, denn ich besitze jetzt die Steine, sie gehören mir ganz alleine. Mit ihnen werde ich viel Gold eintauschen und meine Handwerker werden den schönsten, mit Lichtsteinen besetzten Schmuck herstellen, den das Land je gesehen hat." In dieser Kunstrichtung hatten es die wenigen Handwerker der Zwissler tatsächlich zu einer echten Meisterschaft gebracht. Sie besaßen eine unglaubliche Kreativität und eine einmalige Geschicklichkeit in der Herstellung von Schmuck.

Die Offenbarung der Lichtsteine

Branak hatte zwar von Anika erfahren, dass sich die Lichtsteine zurzeit überall im Lande den Bewohnern offenbaren würden, hatte dieses Wissen aber anscheinend bereits wieder aus seinem Gedächtnis gelöscht, denn er konnte es einfach nicht glauben. Aber tatsächlich brach an vielen Orten der Boden auf und Felsstücke sprengten die herrlichsten Lichtsteine auf. Sie begannen wie kleine Sonnen zu strahlen. Auch an den Südhängen der Zwisslerborg bei den Südzwisslern sah man es funkeln und glitzern. Hätte es Branak früher erfahren, hätte sich seine Machtbesessenheit bestimmt in Grenzen gehalten. So aber glaubte er tatsächlich, der einzige Lichtsteinbesitzer zu sein. Dort, wo die Lichtsteine auftauchten, hielt man es geheim, denn jeder hatte Angst vor dem, was passieren würde, wenn Branak davon erführe.

Im Lande der kleinen Riesen freute man sich geradezu diebisch über den Fund dieser Steine. Zum ersten Mal in ihrer Geschichte versuchten sie sich daraufhin zu organisieren und zu strukturieren, was so viel bedeutete wie: Einige wurden beauftragt die Steine zu behüten. Andere wiederum überlegten sich, wozu sie sie gebrauchen könnten, denn Schmuckgegenstände oder Handel treiben war nicht unbedingt ihre Leidenschaft. Sie gründeten zunächst eine Abordnung von vielen Teilnehmern, die sich immer wieder zusammensetzten, um zu beraten, was man mit den Steinen alles machen könnte. Erst, als sie bemerkten, dass sich immer mehr in diesem Ratsaus-

175

schuss ansammelten, denn jeder wollte mitreden, bildete man einen Haupträteausschuss, der die Vorschläge der Abgeordneten sammelte, um sie dann zu besprechen.

Da sie nur wenig Geschick in solchen verwaltungstechnischen Dingen besaßen, kam zunächst nicht viel dabei heraus. Zum Beispiel gab es da den Vorschlag, alle Höhlen mit den Lichtsteinen auszuleuchten, aber niemand erklärte sich bereit diese Steine auch dort anzubringen, denn niemand wusste wie man dies bewerkstelligen konnte. Auch die Steine auf Bäume zu legen, um Wege zu markieren machte wenig Sinn, denn jeder kannte alle Wege in ihrer Umgebung ganz genau und fand sie auch in tiefer Dunkelheit. Nur der Vorschlag, dass jeder der kleinen Riesen, die Kinder natürlich ausgeschlossen, einen Stein bekommen würde, um ihn mit sich herum tragen zu dürfen, fruchtete. Niemand erahnte natürlich, dass genau dieser läppische Vorschlag am meisten bringen würde.

Die Langohrzwerge, die sich durch die Zwissler sehr gedemütigt fühlten, freuten sich geradezu irrsinnig. Ein Mitbürger hatte in einem Bach die ersten freigewaschenen Lichtsteine entdeckt. Nachdem die Zwerge an jener Stelle tiefer schürften, befreiten sie ein ganzes Lichtsteinfeld aus seiner seitherigen Verborgenheit. Leider fiel ihnen zunächst nichts anderes ein, als die Steine heraus zu brechen und sie auf einem Haufen zu sammeln. Erst als einige Mitglieder ab und zu einen Stein an sich nahmen und der Haufen dabei immer kleiner wurde, dachten sie über die Verwen-

176

dung nach. Wie aber sollten sie aus ihnen Gold machen, wenn sie ihr Geheimnis vor Branak hüten mussten? Das leuchtete sogar den dümmsten Langohren ein. Es gab nur eine Möglichkeit. Ein paar Langohrzwerge mussten sich auf den Weg machen, um Abnehmer zu finden, allerdings nicht in nächster Umgebung, sondern so weit entfernt, wie Branaks Arme niemals reichen konnten. Diese Unternehmung dauerte glücklicherweise sehr, sehr lange und dies war das Positive daran, denn die Steine erhielten die Zeit, die sie für Veränderungen im Wesen der Langohrzwerge benötigten.

Die Hölzernen waren die einzigen, die sich nicht bemühten, mit den Lichtsteinen etwas anzufangen. Für sie war es ganz klar. Alles hatte einen Grund und wenn die Lichtsteine plötzlich unter dem Moos hervor funkelten, dann musste es so sein, wie bei dem zweiten Mond, der eines Tages plötzlich am Himmel erschienen war. Die Steine durften also an ihrem Ort bleiben und wurden nicht aus ihrer Umgebung herausgerissen. Die Hölzernen spürten die Mystik und verbanden sie mit dem Erscheinen der Steine. Sie versammelten sich deshalb oft an diesen Plätzen, stellten ihre hölzernen Baumhüllen an die Seite und genossen die Wirkung der Steine auf ihrem feinstofflichen Körper.

Auch die Südzwissler reagierten nicht besitzdenkend. Sie ließen die Steine in den Wänden und da sie ein von der Sonne verwöhntes und deshalb meist ein freundlich gestimmtes Volk waren, öffneten sich ihre Herzen jedes Mal, wenn sie die Steine blinken sahen noch viel mehr. Ihre schönen Feste, die sie fast immer vor den Felsen feierten, konnten sie jetzt noch mehr genießen. Sie waren ein lustiges Zwergenvolk und ließen sich ihre Freude am Leben auch nicht von den Bosheiten der Nordzwissler streitig machen. Im Prinzip hatte das Erscheinen der Lichtsteine tatsächlich allen Wesen in der Zwergenwelt irgendwie etwas Positives gebracht ohne, dass die Zusammenhänge und Absichten dabei richtig erkannt wurden. Zwischen den Nordzwisslern und den Lichtzwergen stand allerdings noch immer eine fast unüberwindliche Mauer, die sich durch ihre gegenseitigen Ansichten aufrecht hielt.

Leos Vorschlag wurde vom Rat gutgeheißen. Anika und Leo sollten zuerst in ihre Heimat zurück, um ihre Eltern zu besänftigen. Enric durfte beide begleiten und ihren Eltern erklären warum es von großer Wichtigkeit wäre, wenn sie noch einmal das Zwergenreich besuchen dürften.

Branaks Enttäuschung

Während dessen freute sich Branak bereits auf die Händler des Landes. Sie kamen von überall her auf die Zwisslerborg, um gute Geschäfte zu machen. Nur einmal im Jahr fand dieser Krämermarkt statt. Vor der Borg standen aufgebaute Zelte und Tische. Ein buntes Völkchen hatte sich eingefunden. Branaks Soldaten mischten sich unter sie, um eventuellen Betrügereien vorzubeugen. Dann kam der Augenblick, wo die Ware ausgelegt wurde. Auch Die Nordzwissler schleppten in Schubkarren verdeckte Ware herbei. Alle Händler versammelten sich auf einem großen Platz, wo Branak eine Rede halten wollte, die ihm viel Ruhm und hoffentlich auch einen erfolgsversprechenden Handel einbringen sollte.

„Ich begrüße euch alle, ihr Händler aus fernen und nahen Ländern. Ich verspreche euch, der lange Weg, den ihr auf euch genommen habt, wird euch dieses Jahr reichlich belohnen. Besonders euer Gold wird durch einen Gegenwert einen Absatz finden, von dem ihr seither nur geträumt habt." Die Händler rückten immer näher zusammen, um ja auch alles zu verstehen. „Im Massiv, wo unsere Borg steht wurden wir gewaltig fündig."

„Hört, hört, die Zwissler haben Schätze gefunden", meinten sie. „Um was handelt es sich Besonderes, was wir nicht haben?"

„Nicht so vorlaut, du Wicht!" rief ihm Branak zu, um seine Autorität zu unterstreichen. „In unseren Höhlen entdeckten wir die so seltenen Lichtsteine, die

179

auch ihr schon immer besitzen wolltet. Die gleichen Lichtsteine, die auch die Lichtzwerge gebrochen haben, nur noch edler, noch heller, noch schöner in ihrer Ausstrahlung."

Kein erstaunter Ausruf, „ich will auch auch welche haben" oder „du bekommst dafür alles was ich besitze!" Ganz im Gegenteil, gelangweilt und etwas verlegen traten sie von einem Bein auf das andere und ein Vorlauter rief:

„Ist das alles, was du uns dieses Jahr anzubieten hast? Davon besitzen wir selbst jede Menge und wir wissen nichts damit anzufangen, höchstens du kaufst uns welche ab."

„Was", rief Branak, „wie soll ich das verstehen? Ihr hattet noch nie Lichtsteine, woher jetzt auf einmal?"

„Die liegen hier überall herum, wie ganz gewöhnliche Steine, nur dass sie hübscher sind, was sollen wir damit? Niemand will sie, deshalb lassen wir sie liegen."

Branaks Gesicht verfärbte sich. Zuerst wurde er bleich, dann puterrot, dann drehte er sich einfach um und während er wegließ, schrie er aus vollem Halse: „Alle Berater sofort zu mir!"

Langsam, ganz langsam sickerten die Worte Anikas wieder in sein Gedächtnis: „Alle Wesen auf dieser Welt werden bald zu den Lichtsteinen einen Zugang bekommen." Innerlich sträubte er sich dagegen aber seine Gedanken und das, was die Händler sagten, bestätigten Anikas Worte. Woher wusste es dieses Mäd-

180

chen, war es tatsächlich eine Göttin? Er besprach es mit seinem Rat, sie hatten allerdings auch keine Idee. Branak empfand sich plötzlich nackt. Keine Steine, kein Gold, - kein Gold, - keine Macht über die anderen, nur ganz ein gewöhnliches Leben, das konnte nicht seine Bestimmung sein, er konnte es sich nicht zugestehen. Ihm wurde ganz schwindlig und er musste gestützt werden. Die ganze, über viele Jahrhunderte angesammelte negative Energie floss aus ihm heraus.

Das Fest wurde wie jedes Jahr ein ganz normales Händlerfest, mit Tanz und Musik. Niemand kümmerte sich um Branak, er war noch nie beliebt. Die sonst so begehrten Lichtsteine lagen jetzt einfach nur herum, niemand wollte sie und da passierte es. Ihre Leuchtkraft ließ nach. Man konnte ihnen zuschauen, wie sie langsam dunkler wurden. Nicht nur Branaks, aus der Höhle entnommenen Steine dunkelten ein, auch diejenigen, die von anderen Wesen als ihren Besitz betrachtet wurden, verloren ihre Farbe. Alle anderen, die noch im Fels oder Boden steckten, leuchteten weiter. Hätten sich die Zwerge mehr um ihre Eigenschaft gekümmert, dann hätten sie wie die Lichtzwerge gewusst, dass sie tatsächlich sehr wertvoll waren.

Lichtsteine entzogen überall da negative Energie, wo sie welche vorfanden, dadurch dunkelten sie langsam ein. Je mehr von dieser Energie vorhanden war, umso schneller lief dieser Vorgang ab. Der ganze Vorgang wäre nicht weiter schlimm gewesen, wenn die Zwerge gewusst hätten, dass diese Steine, wie der Filter eines Staubsaugers von Zeit zu Zeit gereinigt werden musste, auch sie einer Säuberung bedurft hätten. Diese Reinigung übernahm normalerweise das Wasser. Es drang aus einer anderen Welt, drang durch die Lichtsteine und nahm die dunklen Schatten in ihnen mit. Waren Steine nach langer Zeit wirklich verbraucht, fielen sie aus ihrem Verbund ab und an ihrer Stelle kristallisierten sich neue, ganz kleine Exemplare. Genau genommen verhielten sich diese Lichtsteine wie Lebewesen, die sich im Alter zu dem zurückbildeten, was sie einmal waren, nämlich Energie, nichts anderes als Energie.

Branak erholte sich nach einiger Zeit wieder. Ein Gedanke ließ ihn immer noch nicht los. Er wollte der mächtigste Zwerg der Zwischenwelt sein und aus diesem Grunde musste diese Göttin einschließlich mit diesem Erdenmenschen Leo aus der Zwischenwelt entfernt werden. Und er wusste auch schon wie. Die vier verbliebenen Stäbe sollten sie auf Nimmer-Wiedersehen in eine andere Welt befördern. Zum Glück wusste er nicht von der harmlosen Wirksamkeit seiner Zauberstäbe auf Erdwesen. Sein Plan nahm Form an. Mit einem Friedensangebot wollte er sie auf die Lichtburg locken und dann.....

Enric war das Kunststück die Eltern von Leo und Anika zu überzeugen geglückt. Er teilte ihnen mit, dass die beiden eine große Rolle spielten und dass sie helfen konnten, endlich das Unrecht in seiner Welt zu besiegen. Ihre Ferien waren noch lange nicht zu Ende, deshalb erlaubten es die Väter und Mütter beider Kinder. Leos Mutter wollten lange nicht zustimmen, zu sehr sorgte sie sich, gab dann aber dem Flehen ihres Kindes doch noch nach. Erst als Enric ihnen glaubhaft versicherte, dass in ihrer Welt niemand umgebracht werden konnte, stimmte sie zu und er musste versprechen, beide persönlich und wohlbehalten zurückzubringen.

Als die Drei wieder bei den Lichtzwergen eintrafen, wurde sofort eine Ratssitzung anberaumt. Prello, Nurmuth, Traurot und Enric sollten Leo und Anika auf die Lichtburg begleiten, von wo sie eine Einladung erhalten hatten. Niemand traute Branak und noch einmal wollten sie auf ihn nicht hereinfallen. Da Enric, Leo und Anika gegen jegliche Zauberstäbe gefeit waren, sollten sie Branak gegenübertreten. Die anderen drei mussten sich außerhalb der Burg für etwaige Rettungsaktionen bereithalten. Auch hatten sie ihren Beschluss, die Zauberstäbe zu konfiszieren, noch nicht aufgegeben.

Ein neues Friedensangebot

Das Wetter spielte an jenem Tag ebenso, wie an den meisten Tagen im Jahr mit. Nur Vogelflüge unterbrachen das herrliche Bild eines strahlend blauen Himmels mit einer sehr hellen Sonne. Ganz, ganz weit im Hintergrund allerdings, konnte ein aufmerksamer Beobachter eine dunkle Linie erkennen, die sich langsam in Richtung Lichtburg ausdehnte.

Als die drei Freunde vor dem Graben standen und die Wachen aufforderten, die Brücke herab zu lassen, hatte sich der Streifen am Horizont schon deutlich verbreitert und stand im Beginn, das Sonnenlicht einzudämmen. Ohne Probleme überschritten die Freunde die herabgelassene Brücke und durchquerten das Stadttor. Branak, mit einem süßsauren Lächeln auf den Lippen und umgeben von zehn seiner besten Leibwächter, begrüßte sie mit weit geöffneten Armen.

„Na, da seid ihr ja endlich, ich dachte schon ihr wäret mir noch böse, aber ich musste mich einfach überzeugen, ob ihr mich nicht an der Nase herum führt. Ich wollte wissen, ob sich die Lichtsteine auf eurer ehemaligen Burg tatsächlich wieder gezeigt hatten. Und ich muss sagen, alle Achtung, Erdenmädchen, deine Sinne scheinen geschult, wie die einer Göttin. Wer bist du wirklich?" wollte Branak wissen und schaute sie dabei erwartungsvoll an.

„Wer ich wirklich bin? fragst du. Das kann ich dir im Augenblick nicht sagen, denn bin selbst erst dabei dies herauszufinden. Aber warum tragen deine Wachen diese Zauberstäbe bei sich? Ihr habt uns doch in friedlicher Absicht eingeladen und bestimmt nur, um uns ein ehrliches Angebot zu unterbreiten. Auch uns geht es um nichts anderes." Branak schmunzelte breit.

„Natürlich hast du recht, aber ich dachte sicher ist sicher. Immerhin habt ihr unsere Flugdrachen entführt."

„Ja, die Not macht erfinderisch", schaltete sich Leo ins Gespräch mit ein. „Wir stünden heute nicht hier, hätten wir uns nicht selbst befreit." Verärgert runzelte Branak die Stirn. „Dieser vorlaute Erdenjunge, was hat der überhaupt hier zu suchen", dachte er. Er überspielte seine aufkeimende schlechte Laune indem er seine Gegner in die Ratshalle einlud. Großspurig riet er seinen Wächtern die Zauberstäbe auf dem Brunnen abzulegen. Leo und Enric schauten sich kurz an. Es war nur drei Stäbe, einen hielt er wahrscheinlich in seinem Gewand versteckt.

Sie folgten ihm in den Saal, wo herrliche Blumen in Töpfen eingepflanzt und jede Menge an Obst verstreut über den Tisch lagen.

„Setzt euch", sprach Branak gebieterisch und verriet dabei seine wahre Gesinnung. „Wie ihr ja sicherlich wisst", begann er, „ist unser Volk auserwählt, über alle anderen zu herrschen, auch ohne die Lichtsteine gebrauchen zu müssen", fügte er hinzu. Anika, Leo und Enric waren sprachlos, aber was er dann noch von sich gab, wollten sie einfach nicht glauben, denn er sagte: „Mein Friedensvorschlag bedarf nur weniger Worten. Diese Lichtburg hier, ist und bleibt in meinem Besitz. Ihr dürft in die andere Borg über-wechseln, es stehen dort viele Räume frei, da die Hälfte meines Volkes mit hierher gezogen ist. Ich ver-spreche euch dafür nicht mehr zu verfolgen bzw. mit meinen Zauberstäben zu bedrohen."

Die drei Freunde schauten sich an und dann be-gannen sie ganz plötzlich los zu prusten. Sie lachten und lachten bis sie sie mit tränenverschleierten Augen sahen, wie Branak rot vor Zorn, seinen Zauberstab auf sie richtete. Dann lachten sie wieder. Branak schrie:

„Hinweg mit euch ins Niemandsland." Aber nichts passierte, außer, dass die drei wieder anfingen zu la-chen. Das war nicht gerade schön, aber Branak schien ohne eine ordentliche Provokation einfach nicht zu begreifen.

„Hast du immer noch nicht verstanden? Du besitzt mit deinen Stäben keine Macht mehr", versicherte ihm Anika. Ohne darauf zu antworten befahl Branak seinen Männern die anderen Stäbe zu holen und meinte nebenbei:

„Euch wird das Lachen schon noch vergehen, dieser Stab ist zwar verbraucht, aber die anderen funktio-nieren noch sehr gut."

„Du hast immer noch nicht begriffen, deine Stäbe können uns nichts anhaben. Nehme jetzt dein Volk und verlasse umgehend die Burg, sonst lassen wir dich von einer Gewalt wegblasen, von der du weißt, dass du ihr nicht gewachsen bist. Geh zurück auf die Borg, dort gibt es ebenfalls Lichtsteine und lebe glücklich und bescheiden. Besitzdenken, Macht und Gier findet man auch auf der Erde, möchtest du, dass ich dich mit meinen Erdenbrüdern und -schwestern vergleiche?" fragte ihn Anika. Branak glotzte nur noch unverständlich und als die Wachen mit ihren Stäben ebenfalls keine Wirkung erzielen konnten, rief er seine gesamten Burgwächter zusammen. Er ließ die Türe verschließen und von drei starken Zwergen bewachen.

„So, jetzt vergeht euch euer unverschämtes Lachen, nie werdet ihr mehr das Tageslicht erblicken, ab sofort seid ihr meine Gefangenen. Ich werde euch im Berg eine nette Höhle zum Bewohnen einrichten lassen. Noch könnt ihr euch überlegen, ob ihr meinen Vorschlag annehmt. Wenn wir euch abholen, geht nichts mehr. Bis dann also."

Sie hörten noch die schweren Stiefel der Zwissler auf dem felsigen Boden klappern, dann war Ruhe aber nur für kurze Zeit, denn die drei anderen Lichtzwerge, die außerhalb, unsichtbar für jeden, alles mit verfolgt hatten, lenkten Branak und seine Wächter geschickt ab. Aus verschiedenen Richtungen riefen sie ihnen zu:

„Hallo ihr Schwächlinge, eure Burg wird bald wieder von den Lichtzwergen übernommen." Ihre Schreie klangen immer entfernter, hatten aber inzwischen die Drei so rasend gemacht, dass sie, ohne zu überlegen in verschiedene Gänge stürmten. Auf diese Reaktion hatten Prello, Nurmuth und Trauroth nur gewartet. Blitzschnell erschienen sie vor dem Tor, schlossen es mit dem Schlüssel, der noch steckte auf und befreiten die Eingesperrten kurzerhand.

„Windhilde, Windhilde, Hilfe, Hilfe!" rief Anika und schon spürte sie den frischen Wind, der sie umwehte und durch die Gänge zog.

Branaks Entmachtung

Über der Burg braute sich ein Unwetter zusammen und ein lauter Donnerschlag ließ die Zwerge zusammentigt nach oben schauen. Eine Schlechtwetterfront zog sich über der Lichtburg zusammen. Die Wolken flogen nicht einfach so daher, sie ballten sich zu riesigen, schrecklich anzusehenden Gesichtern, mit wild verzerrten Fratzen zusammen. Aus ihnen fuhren spinnenförmige Arme nach unten auf die Burg, schlängelten sich durch die Gassen und verbreiteten mit ihren gekrümmten Händen und Fingern Schrecken und Panik unter den Zwergen.

„Enric, lass uns zu den Lichtsteinen gehen, dort sind wir sicher", glaubte Anika zu wissen und schlug dabei sie den Weg ein, der sie in die Höhle bringen sollte.

Im Freien bekam man das Gefühl, als ob die Wolken über der Burg zusammenstürzen würden. Der Wind wirbelte im Kreise und trieb die nun panisch gewordenen Zwerge vor sich her. Alle wollten so schnell wie möglich die Burg verlassen, denn außerhalb der Mauern sah das Wetter gut aus, dort schien die Sonne und keine Pflanze bog sich im Wind. Branak widerspenstig und zornig versuchte mit ein paar seiner Mannen die Stellung auf der Burg zu halten. Es gelang ihnen aber nicht, denn die Windhosen, die sich inzwischen bildeten, wirbelten sie so durcheinander, dass sie nur n sich ganz benommen und och weg wollten. Schwindlig und völlig verdattert torkelten sie aus dem Stadttor. Das ganze Volk verließ diesen Unglück verheißenden Ort. Niemand schaute mehr zurück, denn die Burg sah furchterregend aus mit ihren tief schwarz ummantelten Wolken. Schon nach kürzester Zeit schien die Burg wie ausgestorben. Der Sturm, nun zufrieden mit dem Ergebnis, wechselte in ein harmloses Windlein über und die Wolken lösten sich in Wohlgefallen auf, als ob es niemals welche gegeben hätte.

Auch Enric, Leonard, Anika und die drei anderen Zwerge spürten die Veränderung. Sie kehrten um und als sie die Burganlage betraten, wussten sie sofort, dass sie wieder ein richtiges zu Hause hatten. Jubelnd umarmten sie sich, bedankten sich bei Windhilde und schickten Prello zu seinem Volk zurück, um über den glücklichen Ausgang des Friedenangebotes zu berichten. Während sie um den Brunnen standen und berieten, nahmen sie kaum die drei Zwissler wahr, die irre blickend aus dem Berg kamen, nach Ihresgleichen suchten und dann zum Stadttor rannten.

Es dauerte etwa vierzehn Tage, bis sich Enrics Zwergenvolk wieder in der Burg eingefunden hatte und nochmals drei Wochen, bis der ganze Müll abtransportiert worden war, den die Zwissler hinterlassen hatten. Während dieser Zeit reisten Enric, Anika und Leo zu den Quellen des Flusses, der unterhalb des Berges vorbei floss. Sie hatten die vier Zauberstäbe bei sich und übergaben sie den Quellnymphen mit der Bitte, in Zukunft auf sie sorgfältiger aufzupassen. Sie erzählten ihnen alles, was sich ereignet hatte. Als Dank halfen sie Enric wieder energetisch leichter zu werden. Sie zogen seine schwere Energie mit einem Handstreich von ihm weg. Überglücklich verabschiedeten sich die Drei von den Feen und marschierten zurück zu ihren geliebten Brüdern und Schwestern.

Wie konnte es anders sein, als dass die Lichtzwerge auf der Burg eine Siegesfeier arrangierten. Dazu luden sie auch die Langohrzwerge und die kleinen Riesen ein, die natürlich wegen ihres schlechten Gewissens zunächst dankend ablehnten, aber das Tor stand für jeden weit offen und es sprach sich sehr schnell im ganzen Lande herum, was passiert war und dass nun gefeiert werden durfte. Viele nahmen einen mühsamen Weg auf sich um mit zu festen. Auch die Südzwissler, sonst sehr ortsbezogen, machten sich auf den Weg zur Lichtburg. Unter ihnen versteckt, getrauten sich auch einige wenige Nordzwissler sie zu begleiten. Doch als sie entdeckten, dass die Lichtzwerge ein viel gefälligeres Wesen besaßen, als Branak ihnen dauernd weismachen wollte, verflogen ihre restlichen Vorurteile und sie feierten ihrem inneren Wesen entsprechend lautstark mit.

Branak war der einzige, der keinen Nutzen aus der veränderten Situation zog. Er weigerte sich auch weiterhin mit den Lichtzwergen zu kooperieren. Nach und nach löste sich sein Einfluss bei seinem eigenen Volke auf und er vereinsamte immer mehr. Er zog sich in die Spitze seines Turmes zurück und verbrachte dort verbittert seine letzten hundert Jahre. Danach lösten sich seine festen unflexibel gewordenen Strukturen auf. Fast niemand bemerkte es, bis auf Enric, der sich in seinen Meditationen viel um Branaks Weiterentwicklung bemüht hatte.

Leonard und Anika sowie die meisten Lichtzwerge bekamen nicht mehr mit, wie sich Enric eines Tages während einer Meditation plötzlich aus seinen körperlichen Strukturen löste. Am Tag zuvor hatte er nur merkwürdigerweise Prello als seinen Nachfolger bestimmt.

Die beiden Erdenkinder wurden unzertrennlich. Nach ihrer Schule studierten sie gemeinsam, heirateten und zogen glücklich behütete Kinder auf, die viele Geschichten über Lichtzwerge, Zwissler und andere Wesen, in einer für die Menschen unerreichbaren Zwischenwelt erzählt bekamen.

Nachwort

Der Verfasser dieses Buches will nicht nur Kinder fantasievoll anregen, ihre nächste Umgebung mit anderen Augen zu erblicken, auch die Erwachsenen werden aufgefordert sich Sog der Medien etwas mehr zu distanzieren, um wieder eigene phantasievolle Welten zu finden, in denen Unsichtbares wieder sichtbar wird.

Die Namen der Zwerge dieses Buches sowie die Ideen, die die Geschichte zu einem tragenden Erlebnis machen, erfolgten spontan, während des Schreibens, als ob sie eingegeben worden wäre.

Zeitfracht Medien GmbH
Ferdinand-Jühlke-Straße 7
99095 Erfurt, Deutschland
produktsicherheit@kolibri360.de